5時に帰るドイツ人、5時から頑張る日本人

ドイツに27年住んでわかった定時に帰る仕事術

熊谷 徹

SB新書
409

目次　5時に帰るドイツ人、5時から頑張る日本人

第2章 国による厳しい監視が必要

第3章　残業よりも早い帰宅を評価する

第4章　ドイツの仕事は個人でなく会社につく

第5章　過剰なサービスを減らして時短を実現

第6章　日本でも働き方の意識改革が必要だ

序 章

日本の働き方は改革できるのか？

1日10時間を超えて働いてはならない

私は1990年から27年間、ドイツで働いている。それ以前は8年間、NHK(日本放送協会)の記者として働いていた。

日本とドイツの働き方は、かなり違う。真逆といってよいかもしれない。

ドイツに日本人駐在員が着任すると、日本では考えられないレベルの短い労働時間に驚く。大半のドイツ人サラリーマンは管理職でもない限り、ほとんど残業をしない。

「なぜ、こんな短い労働時間でも仕事や経済が回っているのですか?」

この手の質問を私はもう何度も、日本人から受けてきた。

あえてわかりやすい言い方をすると、ドイツ人は午後5時まで頑張って働き、日本人は午後5時から頑張って残業する。ドイツでは午後3時に退勤するケースもあるくらいだが、それでもドイツ経済は絶好調である。

ドイツの年平均労働時間は1371時間(日本は1719時間)とかなり短いにもかかわらず、労働生産性は日本を約46%も上回っている(33ページ表参照)。労働生産性とは、1人が1時間に生み出すGDP(国内総生産)のことである。

2016年の1人当たりのGDPを比べると、ドイツ（4万1902ドル＝約486万円）が日本（3万8917ドル＝約451万円）を上回る（IMF・国際通貨基金調べ）。

なぜ、こうも日本とドイツは違うのか？

大前提として、ドイツでは法律で企業での労働時間に上限規制をかけている。これは残業時間の上限規制よりも厳しい。

象徴的なのは、1日10時間を超える労働が禁止されていること。月平均の残業の上限ではなく、毎日10時間を超えて働いてはいけないのである。

1日の労働は10時間まで許されているが、6ヶ月間の平均労働時間は1日8時間以下にしなくてはならない。この上限についての例外は、一部の職種を除けば、あり得ない。

日曜・祝日の労働も法律で禁止

ドイツでは、日曜・祝日の労働を法律で禁止している。

小売店の営業時間を定めた「閉店法」でも、労働者保護のために日曜・祝日の営業を原則禁止。ドイツでは、駅・空港、ガソリンスタンド、一部のパン屋などの例外を除けば、日曜・祝日に店は営業していないのだ。

また、年次有給休暇は、最低24日与えることを法律で義務付けている。実際には、これを上回る年30日の有給休暇を認めるドイツ企業がほとんどであり、33日間を認める企業もある。残業時間を年10日まで代休に振り替えられる企業も多い。

日本の有給休暇（法定最低日数）は10日と、ドイツ（24日）の半分以下である。

ドイツでは有給休暇を100％消化することや2～3週間のまとまった長期休暇を取ることが、当然の権利として認められ、実行されている。

日本では多くの人が有給休暇を100％消化したり、2～3週間の夏休みを取ったりすることに罪悪感を抱くことだろう。実際、日本の有給休暇取得率は50％（85ページ参照）であり、2週間の休暇を取ることさえ難しい。毎日定時退社をすることとなんて、民間企業では普通、考えられない。

ドイツの常識からすれば、まったく、おかしな状況である。

ドイツでは連続して最低24日間の有給休暇の取得が制度化されており、業務をカバーしてくれる人がいれば、いつでも2週間以上の長期休暇が取れる。

そもそも、国際労働機関（ＩＬＯ）は「年次有給休暇に関する条約」（１３２号条約）で、労働者は1年の勤務につき3労働週（週5日制なら15日）の有給休暇の権利があるとしており、しかも「連続休暇が原則」と定めている。休暇を分割する場合でも、一部は連続2労働週を下回らないようにしなくてはならない。つまり、ＩＬＯは長期休暇を勧めているのだ。

ところが、この条約を日本は批准しておらず、有給の連続休暇を認める法律もない。

電通新入社員の過労自殺

日本はドイツと違って、労働時間に関する法律の強制力が弱い。そのため、多くの企業で長時間残業が横行しており、有給休暇の消化率も低い。

端的に言うと、日本の法律は労働者の保護（健康や自由）より、企業側の論理（業績拡大）を優先させている。

日本には70年もの歴史がある「労働基準法」（１９４７年制定）があり、労働時間の上限を1日8時間（週40時間）と定めている。これだけ見ると、とても良心的なのだが、よく知られるように残業時間は〝事実上青天井〟となっている。

俗に「36協定《サブロク》」と呼ばれる「労働基準法第36条」に基づき、労使（労働者と使用者）が合意して協定を結べば、1日8時間（週40時間）を超える上限を設定できるのだ。

一時的な業務量の増加がやむを得ないなど「特別な事情」があれば、残業時間は事実上青天井にできるため、長時間労働の温床となってきた。いわば、日本の労働基準法は、抜け穴だらけなのだ。

しかし、2016年に転機が訪れた。政府が残業時間の上限規制に向けて動き始めたのだ。

きっかけとなったのは、2015年12月に広告代理店最大手・電通の新入社員、高橋まつりさん（当時24歳）が過労自殺したことだった。

2016年10月、三田労働基準監督署（東京労働局）は、「広告代理店・電通の社員だった高橋まつりさんの自殺は、長時間の過重労働が原因だった」として、労災（労働災害）と認定した。

高橋さんが自殺する直前1ヶ月（2016年10月9日から11月7日）の時間外労働（残業時間）は、105時間に達していた。

厚生労働省の脳・心臓疾患の労災認定基準では、過労死を誘発する過重労働の目安として、「発症前1ヶ月の時間外労働が100時間、発症前2ヶ月ないし6ヶ月にわたって、1ヶ月当たりおおむね80時間を超える場合、業務と発症の関連性が認められる」としている。

高橋さんの残業時間は、この「過労死ライン」を上回っていたのだ。

死者に鞭打つ暴言

高橋さんは、ツイッターで何度も長時間労働の苦しさを訴えていた。

そして、わずか24歳の女性が、生きていれば体験できたであろうさまざまな幸せを味わうことなく、自らの命を絶ってしまった。

東大を卒業して電通に入社した彼女は、就職したら親孝行をしたいと考えていたそうだ。そんな誠実さ、義務感の強さも、彼女を過労自殺へと追い込んでしまった一因かもしれない。

高橋さんの労災認定直後、かつて大企業に勤め、有名企業の役員を歴任したという大学教授から「1ヶ月の残業が100時間を超えたくらいで自殺するとは情けない」という声が上がった。

死者に鞭打つ暴言である。日本の企業社会の冷酷な一面を象徴していると思った。「もしも」の話ではあるが、高橋さんが2015年に東大を卒業後、ドイツの労働法が適用されるドイツ国内の企業に入社していたら、自ら命を絶つことはなかったであろう。

ドイツは労働時間についての法的規制が厳格であるだけでなく、監督官庁による監視・制裁も厳しい。通常の企業では月100時間超の残業をさせたり、2時間しか眠っていない社員を過重労働させたりすることは、あり得ない。大半の企業は法律を守っている。

そんなことをする企業は監督官庁によって摘発されるし、優秀な人材から敬遠されて組織の継続的な成長を見込めない。

そもそもドイツ企業では、成果を出していても長時間労働をする社員への評価は低く、いかに残業をせずに成果を出すかが問われる。

労働時間の厳格な法的規制が前提となっているが、それ以前に働き方に対する社会全体の共通認識に、日本と真逆といっていいほどの違いがあるのだ。

抜け穴だらけの残業規制

日本政府（安倍政権）が働き方改革に乗り出したことは、着手するのがあまりにも遅かったとはいえ、もちろん歓迎すべきことである。だが、懸念されることも多い。

ドイツでは、しばしば「法律で決まっているから仕方がない」で議論が決着するが、融通無碍《ゆうずうむげ》な日本では、そうはいかない。

日本は法律や契約などの「論理」より、対人関係や顧客への配慮、信頼関係、さらには〝空気感〟のような「情緒」が重んじられる傾向がある。

企業と社員が労働契約書に調印することが義務付けられているドイツとは違い、日本は純然たる契約社会になっていない。

この点を強く意識しないと、日本では法律に「抜け穴」が設けられ、結局は例外措置として長時間残業が可能な状態が続くかもしれない。

実際、政府の「働き方改革実行計画」に盛り込まれた残業時間の上限規制は、骨抜きになりつつある。

2017年3月、日本経済団体連合会（経団連＝使用者側）と日本労働組合総連合

会（連合＝労働者側）は、これまで事実上無制限となってきた残業時間の上限規制について合意した。

残業時間に実質的な上限規制を設けるのは、70年前に労働基準法が制定されて以降初めてのことである。政府は労使協定を結んでも超えられない罰則付きの残業時間の上限規制を設け、労働基準法を改正する方針だ。ポイントは以下の4点である。

残業時間の上限

①年720時間以内（月平均60時間）
②月45時間超は年6回まで
③2～6ヶ月は月平均80時間以内
④極めて忙しい1ヶ月の上限100時間未満

いずれも超えると罰則が科されるが、これにはまたも「抜け穴」が設けられている。

①②は、休日労働を含まないのだ。

③④は休日労働を含むが、「2〜6ヶ月の平均が80時間以内」「単月で100時間未満」の範囲で残業が許されてしまう。

ドイツよりも甘い「働き方改革」

特に、「④極めて忙しい1ヶ月の上限100時間未満」は、高橋まつりさんが過労自殺する直前1ヶ月の残業時間より5時間ほど少ないだけだ。「月99時間までなら法律違反にならない」という理屈も通ってしまう。

これでは今後も「月100時間未満」の抜け穴が利用され、長時間残業の温床となる。高橋さんの過労自殺という痛ましい悲劇があったにもかかわらず、連合（＝労働者側）が、なぜこれほどまで経団連（＝使用者側）に譲歩したのか、理解に苦しむ。

労働者の健康や自由時間を優先し、労働生産性を高めるためには、少なくとも過労死ラインを超える月80時間以上の残業は、例外なく禁止すべきだ。

ドイツ企業に対する規制に比べると、はるかに甘いと言わざるを得ない。日本の残業時間の上限規制が1年もしくは1ヶ月を単位にしているのに対し、ドイツでは1日単位で、10時間を超える部分はすべて違法としている。

日本政府の「働き方改革」は、国民に対して〝対策をとっている〟ことを示すためのジェスチャーにすぎず、本腰を入れているとは思えない。明らかに、労働者より使用者の利益を優先していると映ってしまう。

人材不足が深刻化している中小企業にとって、残業時間に厳しい上限規制を敷かれると大きな痛手となるのかもしれない。

そのため経団連側は、日本商工会議所や全国中小企業団体中央会の立場を考慮したとも言われているが、これ以上、長時間残業による犠牲者を出さないためには、ドイツ並みの法改正をすることが必要だ。

なにか思い切ったことをしないと、日本人は長時間労働をやめないし、有給休暇も取らない。働き方改革を成功させたいのなら、きちんとした法改正が前提となる。ただし、それだけでは不十分でもある。労働時間や休暇取得に対する日本社会全体の認識、特に「顧客の意識」を根本的に変えない限り、働き方の実態は本質的に変わらない。

もっとも、潮目が変わると、一気に大胆な変化を見せるのも日本人の気質である。社会全体の認識を根本的に変えるためにも、抜け穴のない法改正が必要となる。

ドイツのやり方が100％正しいわけではないし、100％コピーする必要もない。しかし、その働き方や考え方に学ぶべきことはたくさんある。なにせ日本より労働時間も休みも多いのに、経済パフォーマンスが上回っているのだ。

日本とドイツで実際に働いた経験があり、実情を知る私だからこそ伝えたい、日本の働き方改革に役立つ情報を、これからじっくりと紹介していきたい。

※為替レートは1ユーロ＝120円・1ドル＝116円換算で統一しています。

第1章

なぜドイツは
残業なしでも
経済大国なのか？

絶好調のドイツ経済

「ドイツは景気がいいですね」

この国を訪れる日本人ビジネスマンが、異口同音に発する言葉だ。

ある日本人の銀行員は、こうも言った。

「街を歩くだけで、ドイツでお金が回っていることが伝わってきますよ」

ベルリン、ハンブルク、ミュンヘンなどの大都市では、至る所でポルシェやダイムラー、BMWといった高級車を見かける。日本からやって来た人に「なぜこんなに高級車が多いのですか?」と尋ねられるくらい多い。

ミュンヘンなどドイツの大都市では数年前から不動産ブームが起きており、日本円で1億円を超えるような高級マンションが飛ぶように売れている。一等地では古い家屋が次々と取り壊され、瀟洒《しょうしゃ》なマンションに建て替えられているのだ。

ドイツの国内総生産(GDP)は、中国、アメリカ、日本に次ぐ世界第4位であり、欧州連合(EU)では〝最強の経済パワー〟となっている。

ドイツ1国で、EUのGDPのほぼ5分の1、ユーロ圏のGDPの約29%を占める

（経済協力開発機構＝ＯＥＣＤ調べ）。

イギリスのＥＵ離脱（ＢＲＥＸＩＴ《ブレグジット》）など懸念材料があるにもかかわらず、２０１６年のドイツのＧＤＰは前年比１・９％増加、前年の１・７％を上回る成長率を誇る（ドイツ連邦統計局調べ）。

ドイツの経済成長率は２０１３年以来、右肩上がりとなっているのだ。

失業者半減で〝ほぼ完全雇用状態〟

ＯＥＣＤの経常収支（貿易・サービス・所得・経常移転収支の４つから構成）に関する統計によると、ドイツの経常黒字（２０１５年）は、ＯＥＣＤ加盟国中最大で、中国に次ぐ世界第2位となっている。また、歳入と歳出を比較した財政収支（＝プライマリーバランス）も、年々改善している。

ドイツの連邦政府や州政府は、２０１４年に財政黒字化を達成し、新規国債の発行が不要になった。２０１６年の財政黒字は２３７億ユーロ（2兆８４４０億円）と、１９９０年のドイツ統一以来の最高額である。

日本やアメリカが恒常的な財政赤字に悩まされているのとは、対照的だ。

ドイツは世界第4位の経済大国

～世界の主要国のGDP（2015年）～

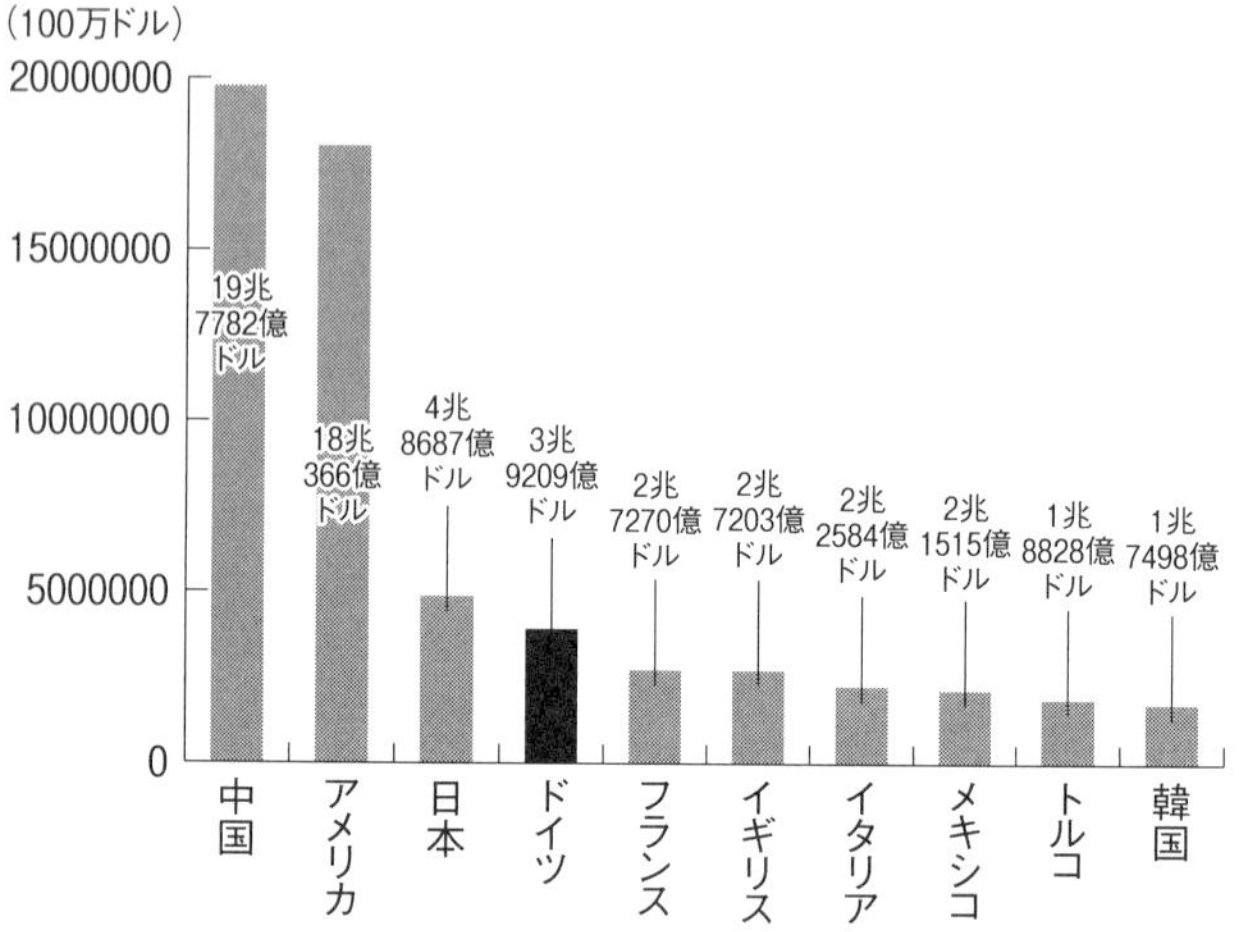

資料：OECD

2013年以降、年々増加するドイツの経済成長率

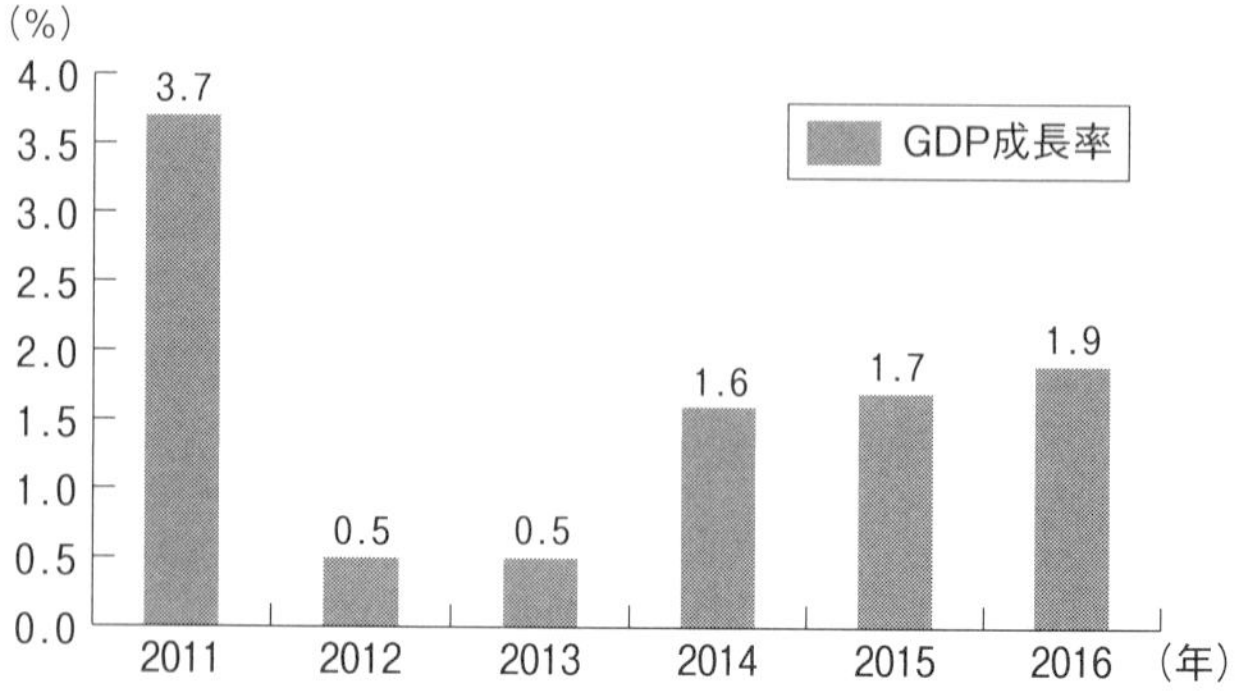

資料：ドイツ連邦統計局

ドイツは中国に次ぐ貿易黒字国
～世界の主要国の経常収支（2015年）～

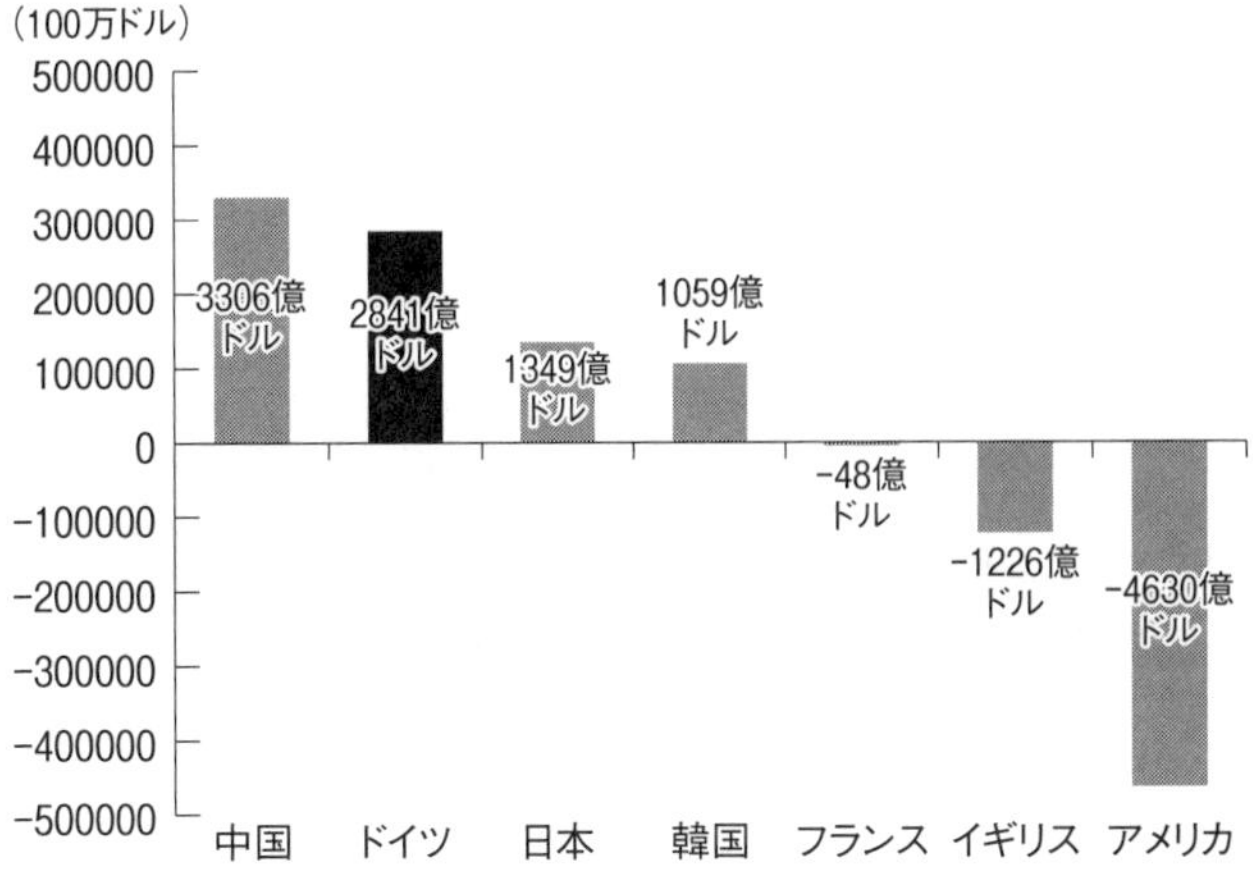

資料：OECD

ドイツの財政黒字は年々拡大
～ドイツ連邦政府、州政府・市町村・社会保険の財政収支～

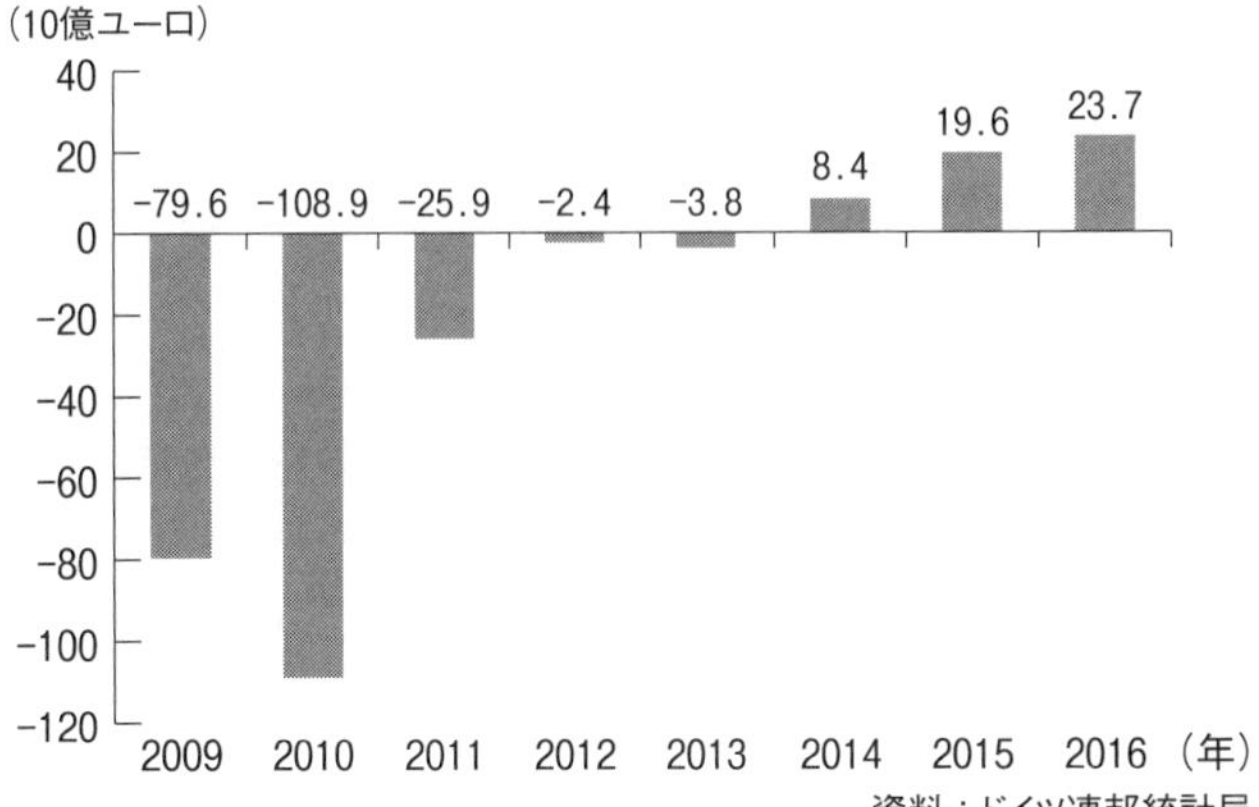

資料：ドイツ連邦統計局

ドイツの失業率はEUで2番目に低い

〜EU主要加盟国の失業率（2017年3月）〜

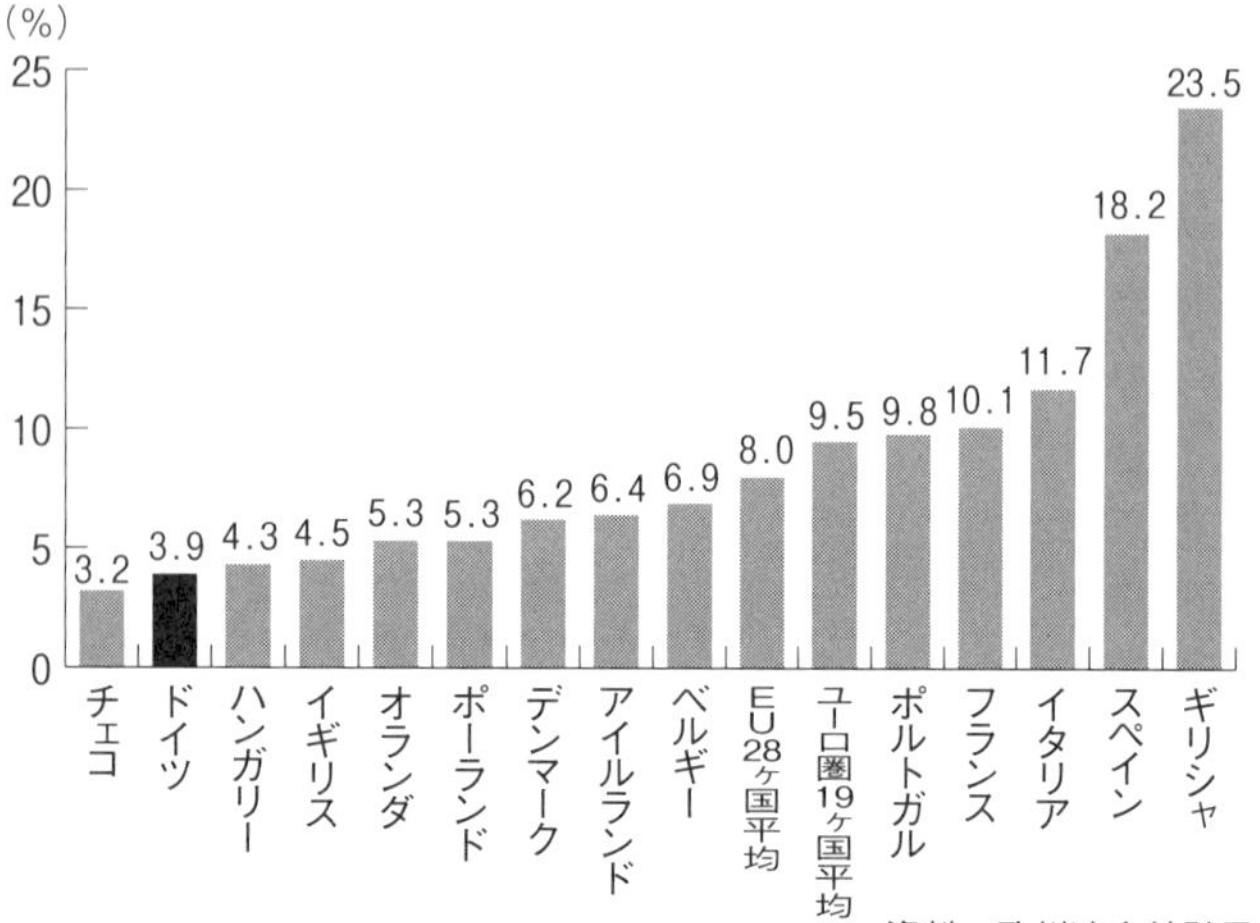

資料：欧州連合統計局

ドイツはEUで最も失業率が低い国の1つでもある。ドイツの失業率は3・9%で、チェコに次ぐ2番目の低失業率となっている（2017年3月時点、欧州連合統計局調べ）。経済学では、失業率が3%前後まで下がった状態を「完全雇用状態」と呼ぶことがあるが、ドイツはその状態に近づきつつある。

ドイツでは2005年に一時、失業者数が500万人を超えたことがあったが、2016年末には257万人とほぼ半減。11年間で失業者数を243万人も減らした。

ドイツは世界でトップクラスの時短大国
～労働者１人当たりの年間労働時間（2015年）～

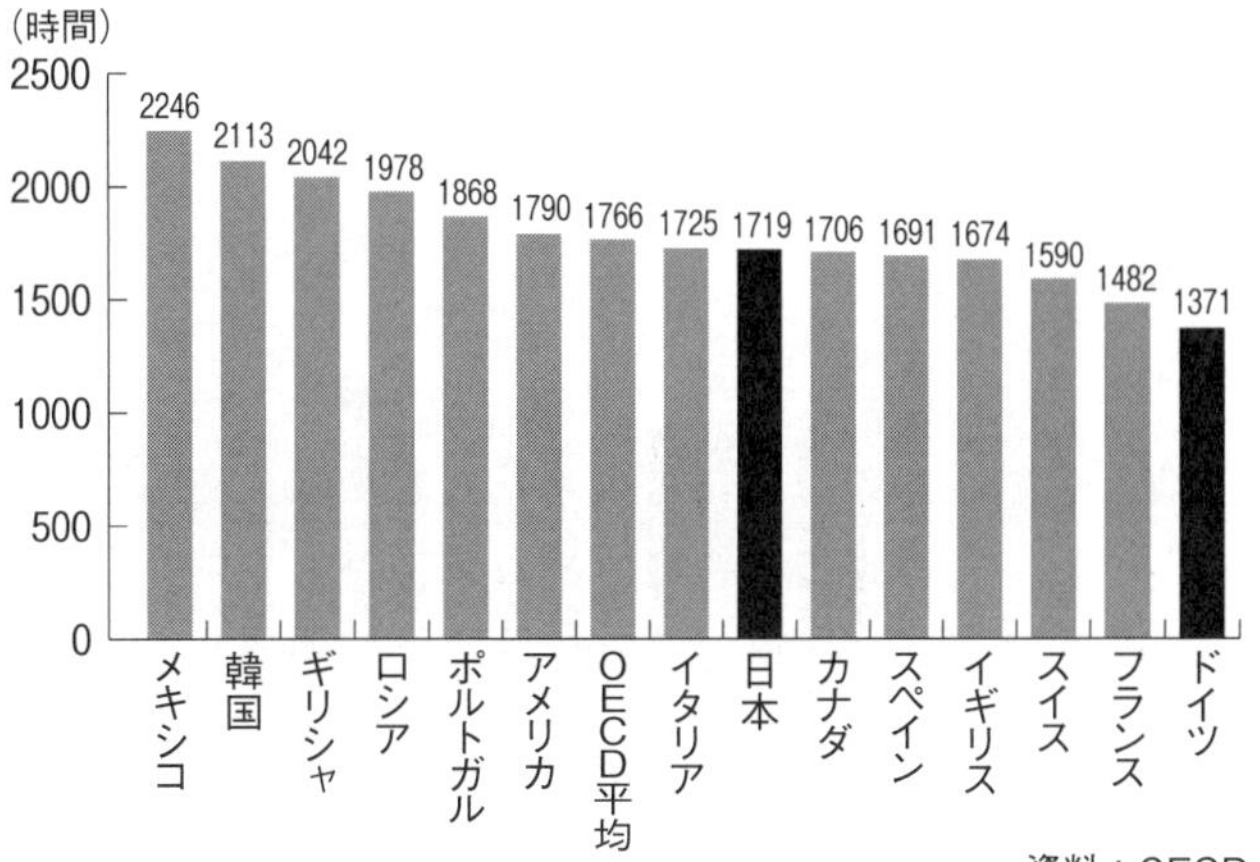

資料：OECD

労働時間が短くても毎年所得が増える

日本とドイツの労働生産性（１人が１時間に生み出すGDP）を比較しよう。

２０１５年のドイツの労働生産性は66・6ドル（７７２６円）で、日本の45・５ドル（５２７８円）を約46%も上回っている（OECD調べ）。日本はOECD平均の51・1ドル（５９２８円）を大きく下回り、G７（主要７ヶ国＝フランス、アメリカ、イギリス、ドイツ、日本、イタリア、カナダ）中、最低である。

ドイツ経済研究所は毎年、主要国の労働生産性や労働コストの比較統計を発表しているが、この統計（２０１５年）で

ドイツの１人当たりのGDPは日本より18%多い
〜国民１人当たりのGDP（2015年）〜

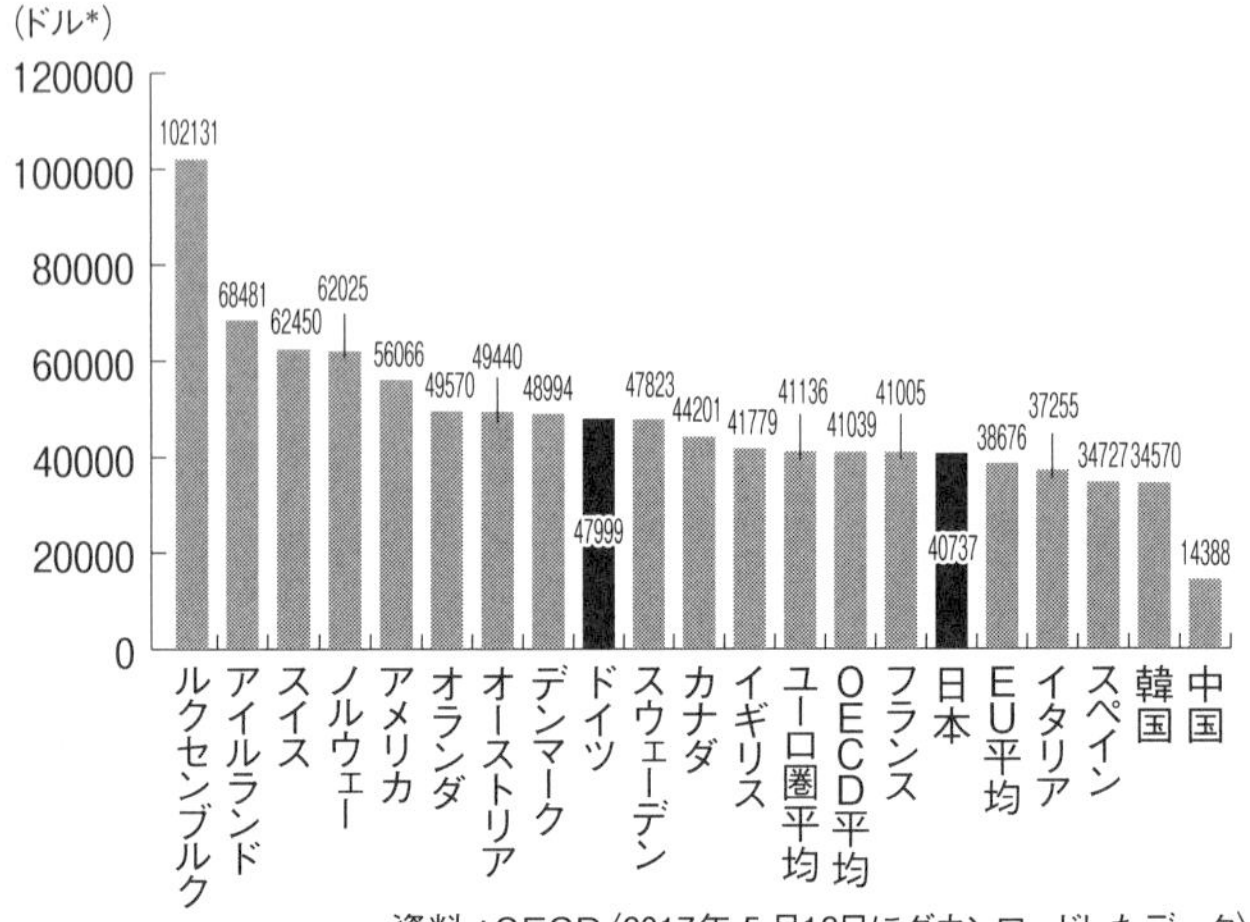

資料：OECD〈2017年５月12日にダウンロードしたデータ〉
*2017年５月の購買力平価を使用 erledigt

も、日本の労働生産性はドイツより46％も低い。

ドイツ人は世界で最も労働時間が短いにもかかわらず、多くの企業の業績は順調に伸び、消費者の購買力につながる「実質賃金」が引き上げられ、可処分所得（所得のうち税金や社会保険料などを除く、自由に使えるお金）は右肩上がりとなっている。

ドイツ連邦統計局によると、2005年の1人当たりの可処分所得は1万7848ユーロ（214万1760円）だったが、2015年には2万1585ユーロ（259万200

ドイツの労働生産性は、日本よりも約46%多い

～労働生産性＝労働者１人当たりが、１時間ごとに生み出すGDP(2015年)～

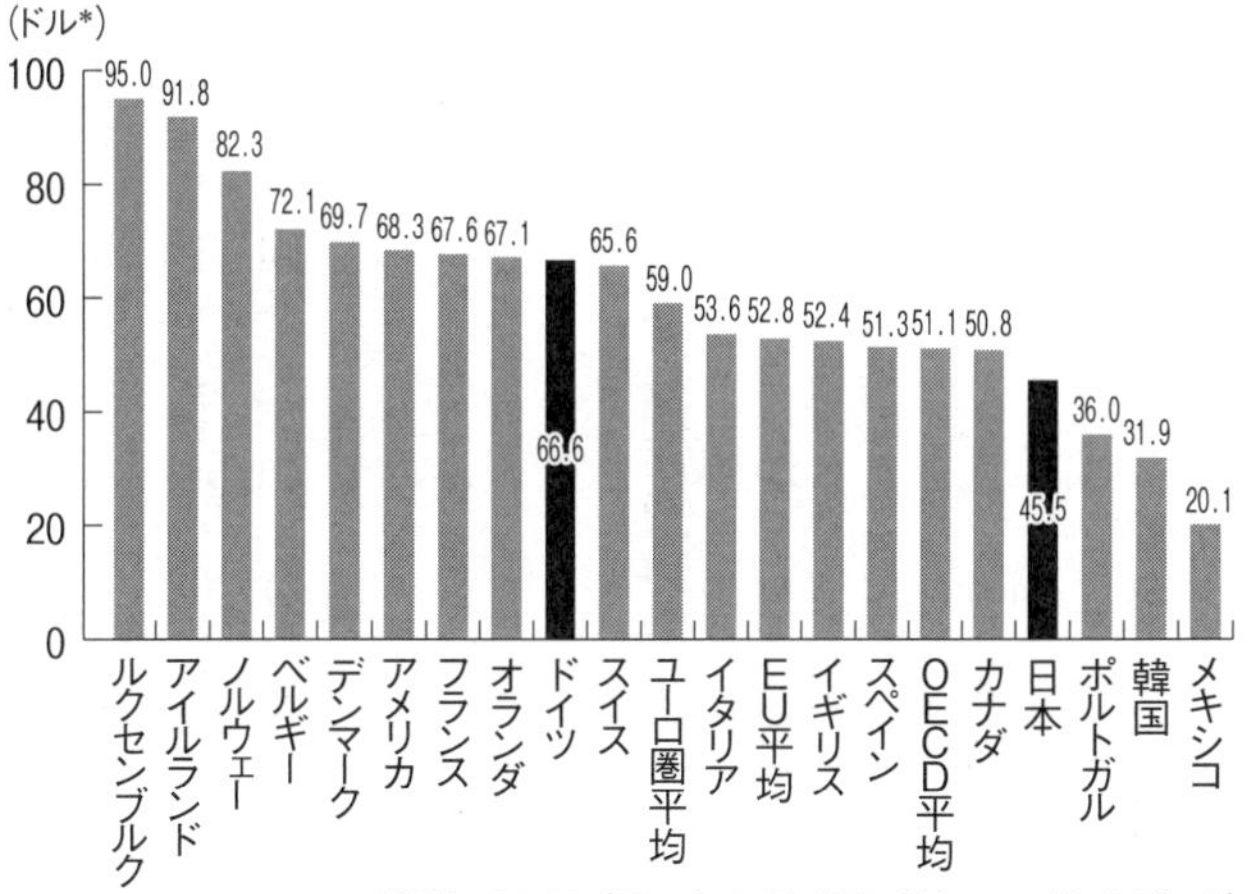

資料：OECD〈2017年５月12日にダウンロードしたデータ〉
*2017年５月の購買力平価を使用

時短大国なのに、国民１人当たりの可処分所得は上昇

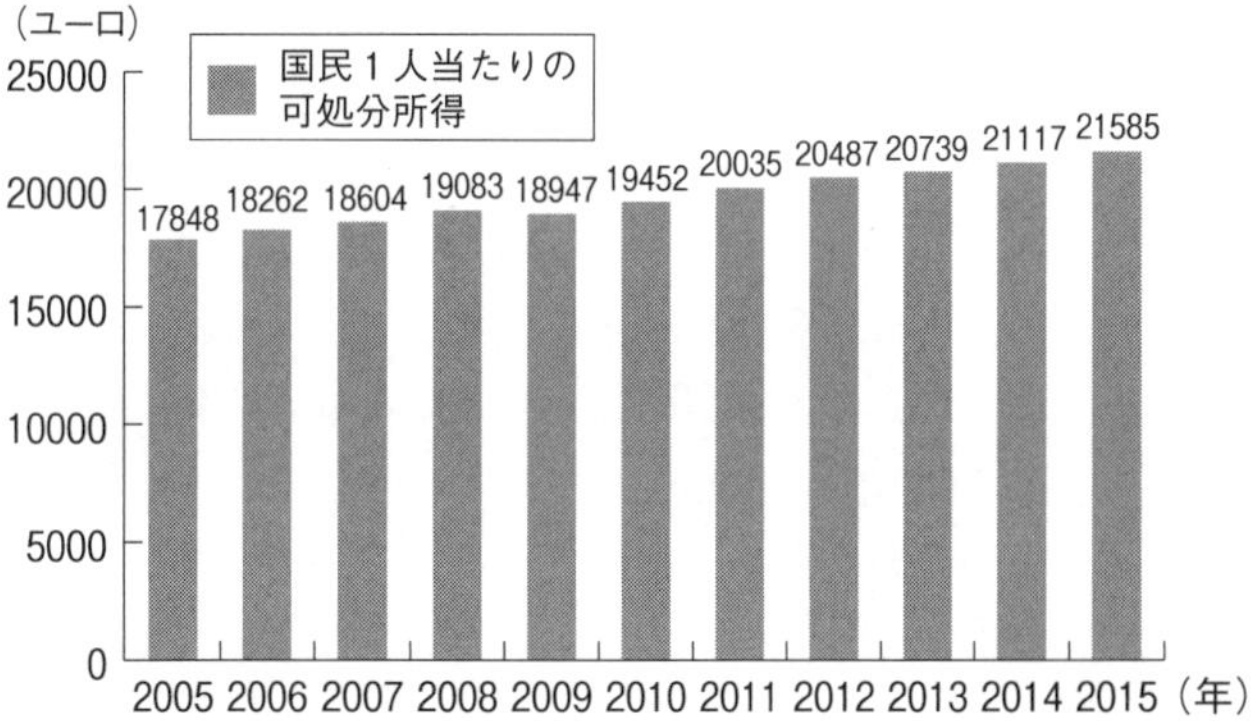

資料：ドイツ連邦統計局

円）と、10年で約21％増加している。

ドイツの1世帯当たりの可処分所得（2015年）は、3万1925ドル（370万3300円）で、OECD加盟38ヶ国中6位、日本は2万7323ドル（316万9468円）と同38ヶ国中15位となっている（OECD調べ）。

日本人は自由時間を犠牲にして長く働いているのに、1人当たりの労働生産性も可処分所得もドイツよりかなり低い。だからこそ、日本の働き方改革には大きな意味があるともいえる。

なぜドイツの労働時間が短いのか

では、なぜドイツの労働時間が短いのか、2つのポイントから探っていこう。

1つは法律だ。前述のように、ドイツでは労働時間についての法的規制が日本よりはるかに厳しい。まとまった休暇を取れる枠組みも法律で設けている。徹底した法治主義が、短時間労働の大前提となっているのだ。

ほとんどの企業が1日10時間の上限規制を厳守している。あえて「ほとんどの企業が」と書いたのは、労働時間法の適用を除外される人がいるからだ。

たとえば企業の管理職、病院の医長、住み込みで介護をする人、教会で礼拝を担当する人、フリーランスの個人事業主もそうだ。旅客機の機長や客室乗務員、長距離トラックやバスの運転手にも、労働時間の例外規定が適用される。

さらに自然災害や鉄道事故などの緊急事態が発生した際には、救急隊や医療関係者の労働時間が例外的に延長されることもある。

また、職種によっても〝温度差〟がある。

たとえば、放送局や新聞社などのメディア関連業種で、１日10時間の上限規制は大きな足かせとなる。たとえば、１日10時間の上限に達したからといって、ニュース原稿が完成していないのに帰宅することは、現実問題としては難しい。

あるドイツの新聞社では、１日10時間を超えそうになると退勤管理システムに打刻するなど、いったん退社したことにしてから引き続き仕事をする記者がいると聞いたこともある。

ドイツにも抜け穴が

ドイツで労働時間法が適用されるのは、企業などで働き、社会保険が適用される人だけである。自営業者やフリーランサーには適用されない。

フリージャーナリストの私が、1日10時間以上取材したり原稿を書き続けたりしても、法的規制の対象にはならないということだ。

このためドイツの放送局や新聞社では、フリージャーナリストを数多く働かせている。正社員ではない彼らは、「特定のメディアだけで働くフリージャーナリスト」(fester Freier)と呼ばれ、労働時間法の規制の対象にならない。

彼らは労働組合にも保護されておらず、1日10時間を超えても働かせることができる。いつクビになるかわからない不安定な立場でもあるため、正社員より必死に努力して特ダネを見つける者も少なくない。

あるドイツ人のフリーディレクターは、「ドイツの公共放送局は、フリージャーナリストがいるから、質の高い番組を放送できる」と言っていた。

ドイツのメディアにとっては、優秀なフリージャーナリストを「事実上の社員」として働かせることが、1日10時間という厳しい労働時間規制をかいくぐる抜け穴となっていることは間違いない。

それでも、フリージャーナリストとして働きたいという希望者は後を絶たない。功績を挙げた者を正社員として採用するケースも多い。

報酬が安くて長時間労働でも、フリージャーナリストにとって大手メディアで働くことは経歴のプラスになるので、勤務実態を監督官庁に通報したりすることは滅多にない。

もっとも、こうしたメディア関連業種で働くドイツ人は約29万人と、全就業者のわずか０・７％にすぎない（ドイツ連邦統計局２０１１年統計）。抜け穴であるとはいえ、これは例外といえるだろう。

後述するように、病院の労働時間も問題視されることがあるものの、ほとんどのドイツ企業では1日10時間の縛りが厳密に守られている。

実際、大半の企業では、午後6時ともなれば一部の管理職を除いて社員の姿は見られなくなるのが一般的だ。

産業別に労働時間を決める

ドイツの労働時間が短いもう1つの理由は、効率を重視し、無駄を嫌うドイツ人のメンタリティーだ。個人主義が強いこともあり、友人や恋人と過ごすプライベートの時間、家族と過ごす時間をとても重視する。

日本のように私心を捨てて会社のために尽くそうとする「滅私奉公」の精神は、無きに等しい。

ドイツでは労働者がたっぷりと余暇を得ることは当然であり、会社は労働者の自由時間に干渉してはならないという、社会的合意が形成されている。

平日は残業続きで、家族と一緒に過ごす自由時間が短い日本とは大違いなのである。

前述したように、1日の労働時間は10時間まで許されているが、6ヶ月間の平均労働時間は1日8時間以下にしなくてはならない。この上限についての例外は、あり得ない。

日本のように、仕事が忙しいという「特別な事情」があれば、残業時間を事実上青天井にできる抜け穴はないのだ。

ドイツの経営者団体は、産業別労働組合と交渉して労働協約を結び、1週間の「所定労働時間」を決めている。そのため、ドイツでは産業ごとに所定労働時間が異なるのだが、どの産業でも法定労働時間（週48時間）を超えてはならない。

実際の産業別所定労働時間は、2017年8月の時点で銀行業界38時間、繊維業界

37時間、金属・電機メーカーでは旧西ドイツ35時間、旧東ドイツ38時間などとなっており、法定労働時間（週48時間）を大きく下回っている。

朝7時始業、午後3時退社

ドイツでは「ワーキング・タイム・アカウント」（労働時間貯蓄口座）というものが労働者全体の約6割に普及しており、残業時間を銀行口座のように貯めて、有給休暇などに振り替えられる。この口座がプラスである限り、好きな時刻に出社し、好きな時刻に帰ることができる。

かつては、たとえば午前9時から午後3時まではオフィスにいることを義務付けるコアタイム制を敷く企業もあったが、今や時代遅れとなっている。

ドイツ企業では朝7時に出社し、午後3時に退社する人もいるし、金曜は昼で仕事を切り上げ、日曜の夜まで2泊3日の旅行に出かける人もいる。

また、ホームオフィス（終日在宅勤務）制を導入する企業も増えている。打ち合わせも自宅のパソコンからインターネットのビデオ会議や電話会議で参加できるので、特に幼い子を抱える母親にはありがたい制度となっている。

ホームオフィスでの労働時間は、原則として自己申告制となっている。

厳しかったNHK記者時代

前述したように日本では労使が特別条項付きの「36協定」を締結して労働基準監督署に届ければ、「1日8時間、週40時間」の上限を超えての時間外労働（残業）や休日労働が許される。

2017年9月7日付の朝日新聞によると、臓器移植や救急など高度医療を担う「国立循環器病研究センター」（大阪府吹田市）が、勤務医や看護職員の時間外労働を「月300時間」まで可能とする「36協定」を結んでいたことが、弁護士による情報公開請求でわかった。これは「過労死ライン」（1ヶ月の残業が100時間もしくは2～6ヶ月の月平均残業が80時間）の3倍もの長さとなる。

厚生労働省の2013年度版「労働時間等総合実態調査結果」によると、残業と休日労働に関する労使協定を結んでいる企業の比率は、大企業では94％にのぼる（中小企業では43・4％）。

つまり日本では、ほぼすべての大企業が、労働基準法による「1日8時間、週40時間」の上限規制から解放され、残業が事実上青天井となっていたわけだ。

日本の厚生労働省が２０１５年12月からの２ヶ月間に、約１万社を対象に行った調査によると、１ヶ月の残業が最も多い正社員の残業時間が、過労死ライン（月80時間）を超えた企業は22・７％。５社に１社の割合だが、情報通信業にいたっては、なんと40％を超えていた。

私は１９８２年から５年間、ＮＨＫ神戸放送局で事件記者として働いた。朝５時に自宅を出て、刑事が警察署や捜査本部に出勤する前、路上で待ち受けて話を聞いた。

その後も日中から夜にかけて働き、日付が変わる頃に帰宅することが珍しくなかった。この場合、１日20時間近い勤務になる。

１９８７年５月３日夜、朝日新聞阪神支局に目出し帽をかぶった極右テロリストが乱入し、散弾銃で記者１人を殺害、１人に重傷を負わせるという前代未聞の事件が起きた時には、３ヶ月にもわたる夜討ち朝駆けの毎日が続いた。

その３ヶ月間は、土日も含めて１日も休むことができなかった。

今考えると滅茶苦茶な話なのだが、当時は事件が起これば昼夜の区別なく、休みも取らずに働くのが当たり前だと思っていた。

日本でも労働契約書を交わすべき

日本で働き方改革を実現するための第一歩は、「労働契約書」の締結を義務付けることだ。

ドイツでは企業で雇用されるすべての労働者が、労働契約書（Arbeitsvertrag）を締結する。両者が労働契約書に署名することで、初めて雇用関係が成立することは、ドイツ人にとっての常識である。

ドイツの労働契約書は原則的に無期限で、退職するまで更新する必要がない。労働契約書には、社員の業務内容、義務、権利、禁止事項、給与、所定労働時間、残業時間の取り扱い、有給休暇日数、会社を辞める際の事前通告の日数などが、こと細かく明記される。

企業側が契約書の内容に違反した場合、社員は労働組合に訴えやすいし、話がこじれた場合でも、労働裁判所で契約違反を証明しやすい。弱い立場の社員にとっては重要な書類なのである。

「日本では労働契約書を交わす習慣がない」とドイツ人に教えると皆ビックリする。「労働契約書がなかったら、企業は社員に対して要求をどんどん増やすことができるじゃないか。それでは過大な要求に歯止めをかけることができない」と言うのだ。

日本企業で社員の行動を律するのは、労働契約書ではなく、上司や同僚との信頼関係だ。ドイツは「性悪説」に基づく契約社会であり、日本は「性善説」に基づく信頼社会なのである。

日本では「大半の人はルールを破らない」という性善説（信頼）が社会の基盤となっているが、ドイツでは「書面にして制裁措置を決めておかないと、必ずルールは破られる」という性悪説（契約）が基盤となっている。

ある日本人サラリーマンは、「直属の上司との信頼関係が非常に重要なので、上司の意向に反して長期休暇を取るなんて無理。そんなことをしたら上司との信頼関係が失われる」と言っていた。

社員の「権利」「義務」を明文化すべき

ほとんどの日本の職場には、〝休みを取りづらい空気〟が蔓延しているのではないか。

ドイツの職場には、そのような空気はない。

職場全体の意識改革をして雰囲気を改善したり、長期休暇中のサポート体制を整備するためにも、労働契約書を交わすことが有効である。

仮に30日間の有給休暇を取る権利を明記した労働契約書を交わすようになれば、上司はまとまった休暇であっても拒否できなくなり、〝休みを取りづらい空気〟が今より減るかもしれない。

終身雇用や年功序列が過去のものとなり、雇用の不安定さが増している現在、企業と社員の義務や権利を労働契約書によって明確にしておくことが必要だろう。もはや、性善説に基づく信頼だけで、雇用関係を正当化できる時代は終わりを告げている。「会社に雇っていただいているから、ごはんが食べられている」という謙虚な心も大切かもしれないが、きちんと義務と権利を明文化して、企業と社員の目線のギャップを縮めるべきなのだ。

私は毎年、日本の経営者団体の依頼で講演をしているが、ある時「日本でも全社員と労働契約書を交わしたらどうでしょうか」と参加者に提案したところ、「労働契約書を導入すると社員が権利を主張するようになるので、日本の風土には合わない」と言われた。

私はこの言葉を聞いて、「日本とドイツの企業には、ずいぶんと大きな意識のギャップがあるものだなあ」と強く感じた。

労働契約書は、どちらか一方だけの権利と義務を主張するためのものではない。ドイツでは企業・社員の双方に、権利と義務があると考えるのが常識だ。

社員が義務を果たすことはもちろん、それと同時に企業は有給休暇や病欠についての権利を保障しなくてはならない。

「それは私の仕事ではありません」

日本企業が労働契約書を敬遠するもう1つの理由は、社員に仕事を命じる時に細心の注意が必要になるからだ。

日本企業では、社員に高度な柔軟性を求め過ぎる。そして、「本来の仕事ではない業務でも、上司に指示されたらやるのが当たり前」となる。

そうした背景があるため、労働契約書が導入されて社員に高度な柔軟性を求められなくなることを、企業側は懸念しているに違いない。

２０１６年、私がミュンヘンで日本人駐在員向けに講演をした時、日本企業のドイツ子会社の社長から「ドイツ人の社員に仕事を頼むと、よく拒否されるのですが、なぜでしょうか?」と質問された。

彼は「ドイツ人が言うことを聞かなくて、ホトホト困っている」という表情を浮かべていた。多くの日本人駐在員が、似たような悩みを抱えている。

おそらく労働契約書で明記されている範囲外の仕事を命じたのだろう。書類で明記されていない仕事は原則としてやる必要はないので、ドイツ人は堂々と拒否する。

たとえば、日本人社長がドイツ人社員に「秘書が休んでいるので、代わりに資料を50部コピーしてください」と頼んだとしよう。

日本人社員なら、社長からの頼みごとだし、多少面倒でも処理するだろう。だが、多くのドイツ人社員は「それは私の仕事ではありません」と拒否すると思う。「なぜ労働契約書にない仕事までやらなくてはならないのか」と考えるからだ。ドイツにはそうした理屈が通る社会的合意ができている。

労働契約書は、過労死を防ぐためにも重要だ。ドイツの使用者、管理職は社員の健康と安全を守る義務がある。これは「保護義務(Fürsorgepflicht)」と呼ばれており、労働契約で最も重要な義務の1つとなっている。

新入社員を徹夜で働かせたり、1ヶ月の残業時間が過労死ラインを超えるような過重労働をさせたりすることは、この保護義務に完全に違反する。

ドイツでこんな管理職がいたら、社員は「保護義務違反だ」として労働組合に駆け込むだろう。

日本では労働契約書を交わさないうえに、労働組合の力も弱いので、そうした救済措置を求めることは難しい。

日本のサラリーマンは、ドイツのサラリーマンに比べて非常に不利な立場にあることを強く認識するべきだ。

私の日本人の知り合いからは、「日本はドイツとは違うのだから、仕方がないよ」というつぶやきを聞くことがある。

本当にそうだろうか？

第2章

国による
厳しい監視が必要

最高1万5000ユーロ（180万円）の罰金

日本と比べるとドイツの労働組合は、はるかに行動的であり、泣き寝入りすることは少ない。経営者が誠実に対応せず、組織内での解決が難しいと判断した場合、監督官庁や労働裁判所に駆け込むことも辞さないのだ。

ドイツから見ると、日本の労働組合は「おとなしい」という印象を受けてしまう。ドイツの法律で1日10時間を超える労働が禁止されているといっても、当局の監視が弱ければ形骸化してしまう。

その点、ドイツでは「事業所監督局」（Gewerbeaufsicht）という役所が労働時間や労働環境を厳しく監視しており、抜き打ち検査も行われている。

組織的に1日10時間を超えて働かせていることが判明した場合、事業所監督局から最高1万5000ユーロ（180万円）の罰金を科されてしまう（後述するが、会社ではなく管理職個人が払わされることもある）。

実例を紹介しよう。日刊紙「フランクフルター・ルントシャウ」電子版によると、ヘッセン州フランクフルト・アム・マインの事業所監督局は2015年5月、同市の大学病院に対して「故意に労働時間法に違反した」として、4600ユーロ（55万2000円）の罰金の支払いを命じた。

同病院の労働組合は、「2013年頃から看護師たちが1日10時間以上働かされており、法律で決められた休憩も取っていない。その原因は、看護師の数が少なすぎることにある。これは職員だけでなく、患者にとっても危険な状態だ」と主張した。

労働組合は労働条件の改善を求めたが、受け入れられなかったため、2015年2月、病院内の5つの部署で看護師たちの勤務状況を独自に調査。その結果、看護師が1日10時間を超えて勤務した日が210日、法律で義務付けられた休憩を取らなかったケースが218回もあった。

「医師や他の部署での勤務状況まで調べたら、病院全体の1ヶ月の法律違反は、約1000件に達するはずだ」と労働組合は主張し、この調査結果を事業所監督局に送り付けた。これにより病院は罰金の支払いを命じられたのだが、これを不服とする申し立てをした。

そして、「すべての部署に労働時間法を厳守するよう改めて通達した」と述べただけで、個人情報の保護を理由に詳細なコメントを避けている。

抜き打ち検査で長時間労働を摘発

さらに別の実例を紹介しよう。

ドイツのラインラント・プファルツ州で労働時間などを監視する「構造許可局」は2015年、多数の企業に対して労働時間の抜き打ち検査をした。

その結果、労働時間法違反が判明し、22社の企業に対して合計7万8914ユーロ（947万円）の罰金の支払いを命じた。

ハンス・ユルゲン・ザイメッツ構造許可局長は、「われわれが摘発している違反企業は、氷山の一角だろう。長時間労働を何年も続けていたら、健康な労働者でも身体を壊す。そう考えると、抜き打ち検査による違反摘発は重要だ」と語った。

労務問題に詳しいある日本人は、「高橋まつりさんの過労自殺が大きく報じられる以前、労働基準監督署が勤務時間を抜き打ち検査することは、日本では滅多になかった」と語る。

また、労働基準法違反に関する罰則を強化しようという本格的な動きも見られなかった。労働者の健康と安全に配慮するべき行政当局が、多くの職場の悲惨な労働実態を放置していたことは、大きなスキャンダルとさえいえる。

前出のフランクフルター・ルントシャウ電子版によると、医師の労働組合「マールブルガー・ブント」ヘッセン州支部は、２０１５年に同州の３つの大学病院で２６０人の医療関係者に対し、勤務状況についてのアンケートを実施。その結果、回答者の80％が「長時間労働のために、不眠や疲労感に悩まされている」と答えた他、回答者の３人に１人が「毎週60時間以上働いている」と答えた。

私が話を聞いたドイツ人医師も「病院では労働時間法が守られていないケースがある。特に外科や産婦人科など急患が多い部署では、規則的な勤務は難しい」と語る。労働条件が厳しい病院での勤務を断念して、生命保険会社など、勤務時間が規則的な職場に移る医師も少なくないという。

匿名通報制度を整備せよ

また２００９年に、ニーダーザクセン州のツェレ事業所監督局は、「ツェレ市の総合病院で、23人の医師が恒常的に１日10時間を超えて働いていた」として、この病院に対して罰金の支払いを命じた。

罰金額は公表されていないが、病院は罰金を支払うとともに医師の人員を10％増やした。また、コンサルタント企業からの助言を受けて、労働時間法に違反しない勤務時間体系を導入することを約束した。

この違反が摘発されたきっかけも、医師たちが長時間労働について監督官庁に通報したことだった。

他の病院でも、上司が「17時45分以降残業をしても記録には残すな」と命じたケースが報告されている。医師たちは、そうした上司の圧力を跳ね返して、自分たちの健康を守るために監督官庁に勤務実態の違反を通報したのだ。

このように、労働者からの一報は極めて重要な意味を持っている。

日本でも、これ以上過労死や過労自殺を防ぐためには、長時間労働の実態を社員が「匿名」で労働基準監督署に通報できる仕組みを設ける必要がある。

監督官庁への通報者は〝裏切り者〟として企業側から制裁を受けるリスクがあるので、匿名で通報できる仕組みが必須だ。

経営者が前科者になるリスク

組織的な長時間労働が発覚した場合、刑事事件に発展することもある。事業所監督局は、悪質なケースについて経営者を検察庁に告発する権限があるのだ。

たとえば、組織的な長時間労働で摘発された後も、同じ違反を何度も繰り返したり、社員の健康や安全に危険を及ぼすような長時間労働を強制したりした場合である。

刑事事件に発展し、裁判所から有罪判決を受けた場合、経営者は最長1年間の禁固刑に処せられる可能性がある。長時間労働を強いるブラック企業の経営者は、罰金ばかりでなく「前科者」になるリスクを抱えているのだ。

長時間残業は、企業イメージにも深い傷を負わせる。

ドイツは好景気のため、多くの企業が深刻な人材不足に悩んでいる。「インダストリー4・0」という工業生産のデジタル化計画が、ドイツの成長戦略として注目されているが、IT技術者の人材不足により、遠くインドや東欧などから人材を受け入れている。

今求められているのは、外国に留学したり勤務したりした経験があって、コンピューターの初歩的なプログラミングができて、数学と経営学を修めたような高学歴の人材だ。企業はこうした人材を勝ち取るために激しい競争をしている。

ドイツの中規模企業連邦連合会のアンケート（2015年）によると、回答企業の52％が、「特定の技能を持った社員を探しているが見つからない」という。また、ドイツ経済研究所は、「2020年までに専門技能を持った就業者が130万人不足する」と予測している。

こうした人材不足の中、組織的な長時間労働で監督官庁に摘発され、ブラック企業としてメディアに報じられてしまうと大きな痛手となる。

日本でも人材不足に悩まされる企業が多く、ブラック企業の噂がたった飲食店チェーンで人手が集まらなくなり、店舗展開や営業時間の縮小を余儀なくされるケースが取り沙汰されている。

スキルを持った人々にとって現在のドイツは、他にいくらでも就職先がある〝売り手市場〟なので、わざわざ労働条件が悪いブラック企業で働こうとは思わないのは当然だ。

したがって、多くのドイツ企業は「ワーク・ライフ・バランス」（仕事と生活の調和）を改善し、優秀な人材を集めようとしている。

「カロウシ」はドイツでも有名

ドイツのメディアにとって、日本の長時間労働と過労死は、残念ながら〝お気に入りのテーマ〟となっている。高橋まつりさんの事件も大きく報じられた。「カロウシ」という日本語は、「フジヤマ」「ゲイシャ」などと並んで、ドイツでもよく知られるキーワードとなっている。

ドイツのある日刊紙の東京特派員は、「日本企業ではいまだに仕事の具体的な成果よりも、働いた時間の長さを評価する風潮が残っている」と批判している。

この特派員は「安倍政権は新たな法律を制定し、過労死を減らすための努力を続けているが、具体的な効果は表れていない」と指摘している。

ある日本企業のドイツ子会社では、ドイツ人の優秀な人材を見つけるのが容易ではないと聞いたことがある。その背景には、こうしたドイツのメディアの報道がある。

日本が〝残業大国〟という暗いイメージを持たれているのは、まったくもって誇るべきことではない。

もちろんドイツ国内の日本企業には、ドイツの労働時間法が適用される。それでも多くのドイツ人は、「日本企業の労働時間は長い」という先入観を抱き、敬遠しがちなのである。

長時間残業に耐えられない弱者を見捨ててはならない

日本とは対照的に、ドイツでは過労死や過労自殺が大きな社会問題になっていない。それは弱者を守るため、政府が法整備をしているからだ。

人間の性格や身体の特徴がそれぞれ異なるように、ストレス耐性に対する個人差があるのは自然なことである。

長時間残業に耐えられる人もいるだろうが、精神や肉体のバランスを崩してしまう人もいる。仮に99％の人が長時間残業のストレスに耐えられるとしても、残り1％を見捨ててよいということにはならない。

企業の目的とは何か？

人によっていろいろと意見はあるが、利潤の追求は欠かせない。その目的のために99％の社員が機能していれば、残り1％の社員は見捨てられるかもしれない。

そういう1％の弱者を保護するためにも、政府は法整備をするべきなのだ。全国民の健康と安全を守るのは、政府の義務である。

私がＮＨＫのある支局で働いていた時、午後10時頃に「体調が悪いので帰ってもいいでしょうか」と上司に言ったところ、「みんなが遅くまで働いているのに、おまえ１人が楽をしようと考えているのか」と叱られて、そのまま業務を続けさせられたことがある。

「日本は集団主義の国で、戦前からの滅私奉公の精神は変わっていない」と思った。チームワークが重んじられ、個人の都合は二の次。日本では、しばしば集団や組織（企業）の都合のために、個人は泣き寝入りを強いられる。

ドイツ企業なら、上司は社員の健康と安全を最重視することを義務付けられているので、体調が悪い社員に業務の続行を命じることは、あり得ない。

「長時間労働を強制されて体調を崩した」と、部下が労働組合に問題を持ち込むと大変なことになるので、上司は長時間労働を強制できないのだ。

ドイツでは、個人の都合に配慮することが常識となっている。日本とドイツは、こうも正反対であることを知ってほしい。

ドイツでは過労自殺が問題となっていない

1日10時間に制限された労働時間と、1年30日間の有給休暇を完全に消化できる制度のため、日本と違って、ドイツでは過労死や過労自殺が大きな社会問題となっていない。

日本では何年も前から過労死や過労自殺が社会問題となっていたにもかかわらず、2017年まで残業時間を制限するための本格的な対策がとられてこなかった。

厚生労働省の「平成28年版過労死等防止対策白書」によると、日本の自殺者数は、1998年以降14年間連続で3万人を超えていた。2010年以降は減少傾向にあるものの、2015年には約2万4000人が自殺している。

このうち遺書などから明らかに勤務問題が原因とされた自殺は、2159件にのぼる。また、過重な業務によって発症した脳・心臓疾患をめぐる労災請求件数は、2005年以降、700件から900件の間で推移している。

深刻なのは、心の病である。業務による心理的な負担によって精神障害を発症したとする労災請求件数は、2005年には656件だったが、10年後の2015年には

ドイツの自殺率は、日本のほぼ半分
～住民10万人当たりの自殺者数（2013年）～

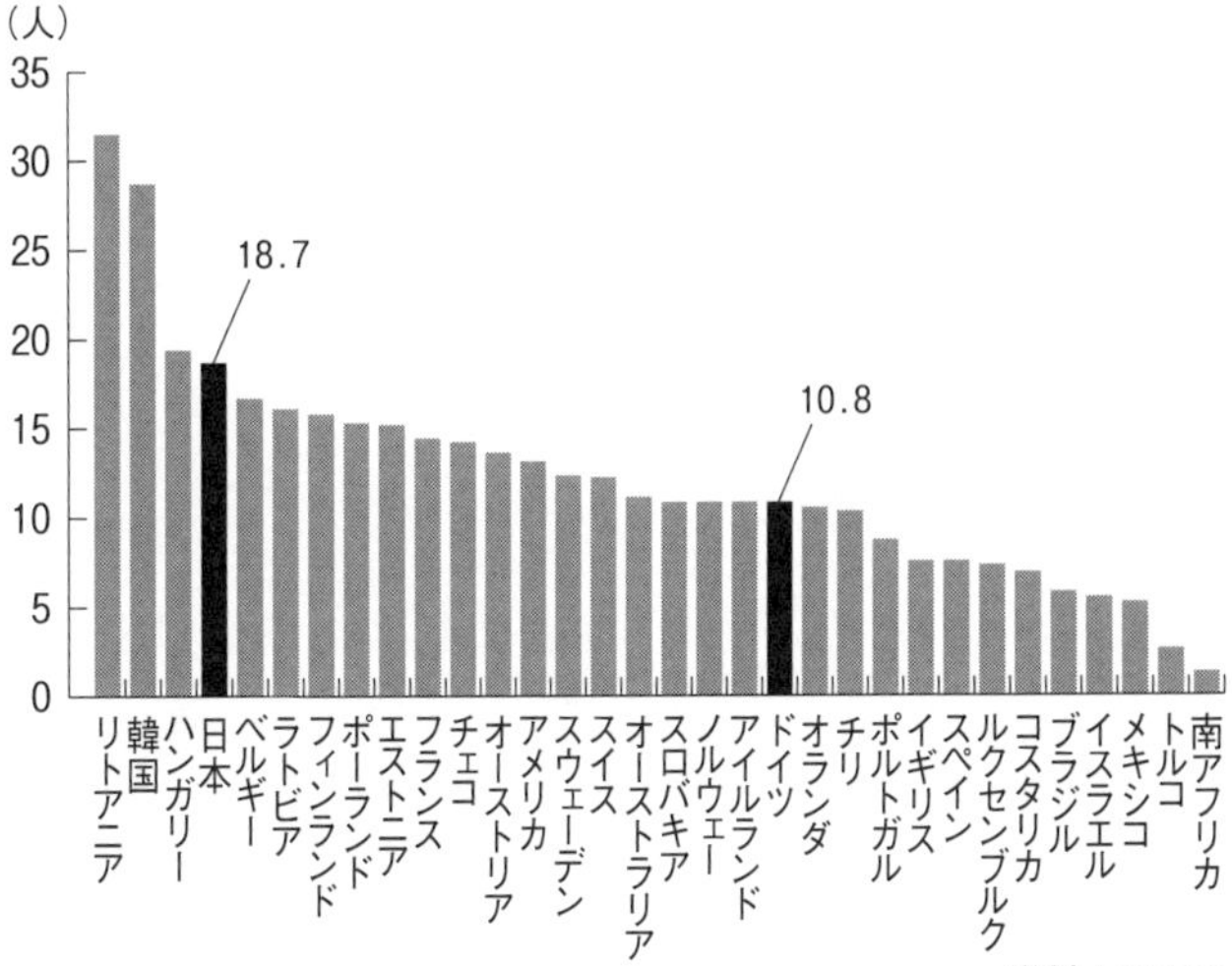

資料：OECD

１５１５件と２・３倍に増加している。

日本は依然として世界有数の自殺大国だ。ＯＥＣＤによると、日本の人口10万人当たりの自殺者数（自殺率）は、調査の対象となった32ヶ国中、リトアニア、韓国、ハンガリーに次いで第４位となっている。

Ｇ７（主要７カ国）では、日本の自殺率が最も高い。

ドイツの10万人当たりの自殺者数は10・８人で、日本より42％も低い。ドイツの２０１５年の自殺者数は１万80人で、日本の半分以

一時日本の自殺者数は、ドイツの約3倍だった
～日本とドイツの自殺者数比較～

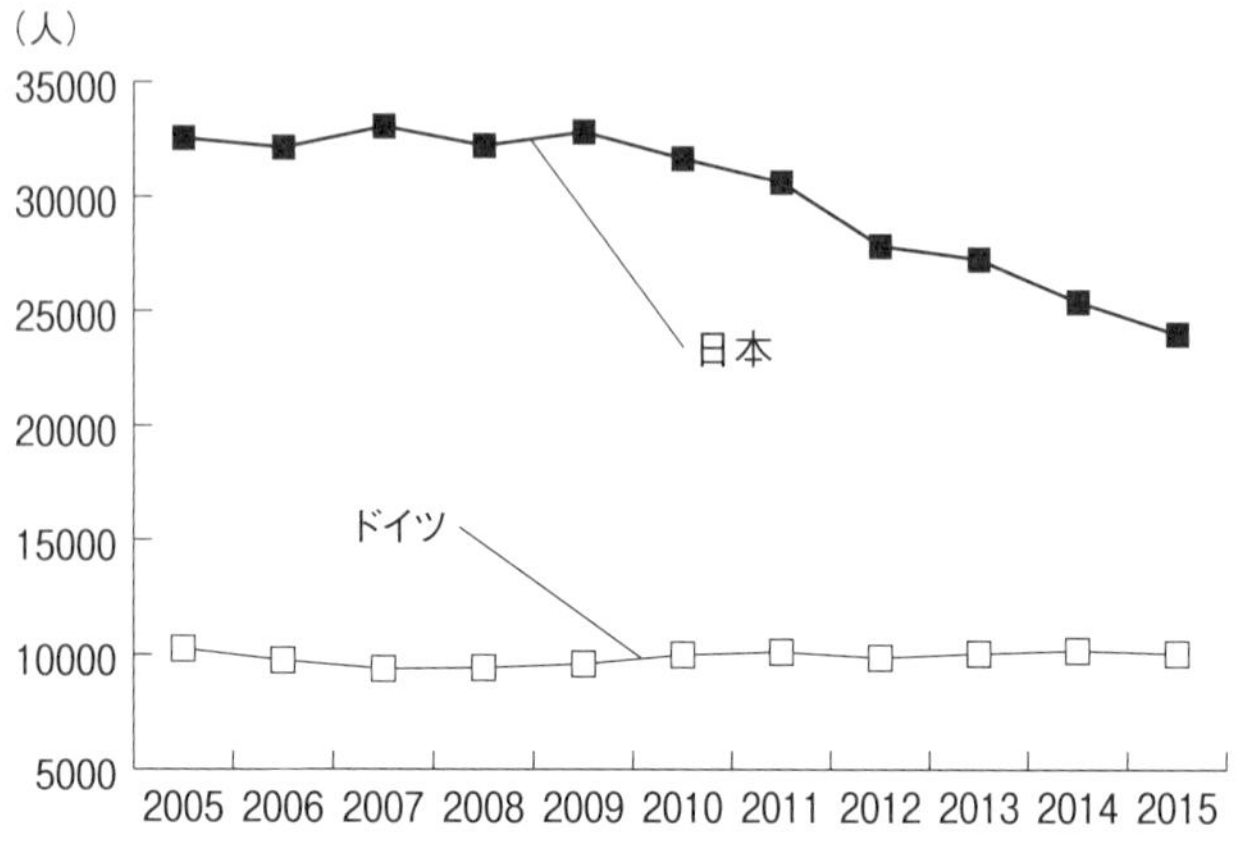

資料：厚生労働省、ドイツ連邦統計局

下である（ドイツ連邦統計局調べ）。

私は毎年必ず何回か日本に出張しているが、東京の地下鉄やJRでの「○○線で人身事故発生」という案内の多さに驚かされる。「人身事故」という言葉のオブラートに包まれているが、実際のところ飛び込み自殺だ。その大半は、新聞記事にすらならない。

多くの日本人にとっては日常茶飯事なのかもしれないが、ドイツに27年間住んでいる私にとって、この頻度は異常に感じられる。ドイツでは、飛び込み自殺のために地下鉄や列車が止まることは、日本に比べるとはるかに少ない。

時短と休暇がもたらす心身の余裕

労働時間を1日10時間に制限し、毎年30日間以上の有給休暇を完全に消化できる制度は、ドイツ人に心身の余裕を与えている。

もちろん、労働時間が1日10時間を超えないようにしながら成果を挙げなくてはならないというプレッシャーは大きいが、それが労働生産性の高さにつながっている。それに「あと1週間頑張れば家族と2週間、イタリアでバカンスだ」などと思えれば、心身のバランスを崩す危険は比較的少なくなる。

これがドイツで過労死や過労自殺が大きな社会問題にならない理由の1つである。日本では少子高齢化により、労働人口の減少が懸念されている。それだけに、貴重な人材が過重労働のために心身のバランスを崩し、戦列を離れることは日本経済全体にとって大きなダメージとなる。

日本でも労働時間を短くして今よりも労働生産性を上げれば、過労死や過労自殺に追い込まれる人の数も大幅に減るに違いない。これはもちろん、経営者と労働者、双方にとって歓迎するべきことである。

第3章

残業よりも
早い帰宅を評価する

罰金は管理職のポケットマネー

ドイツ企業の管理職は、どんなに仕事が忙しくなる時期でも、部下の勤務時間が1日10時間を超えないように、口を酸っぱくして注意する。

なぜならば、企業が事業所監督局から罰金の支払いを命じられた場合、会社の金で罰金を払うのではなく、長時間残業をさせていた部署の管理職に払わせることがあるからだ。

最高1万5000ユーロ（180万円）の罰金をポケットマネーで払わされるというリスクは、〝かなりの抑止力〟となる。しかも、「部下の勤務時間をきちんと管理できない」と勤務評定も悪化し、出世の道が断たれる可能性さえある。

長時間労働を防止するため、社員のパソコン画面に「あなたの勤務時間は、もうすぐ10時間を超えます。10時間以上の労働は法律違反です。直ちに帰宅してください」といった警告文がポップアップされる会社もある。

部下の勤務時間が10時間を超えそうになると、上司のパソコン画面に警告文が出て、部下の退勤を促す仕組みもある。

前述したワーキング・タイム・アカウント（労働時間貯蓄口座）で、累計残業が60時間を超えていたあるドイツ人社員は、上司から「どうやって累計残業時間を減らすか説明しなさい」と問いただされたという。

この社員は、累計残業時間が減るまで毎日午後3時に退社したり、代休を取得したりしたそうだ。彼は、上司から「働き過ぎだ」と注意されたわけである。

1日10時間を超える労働は非効率

日本では基本給が安く抑えられているケースが多いため、残業代で収入を増やそうとする人が多い。

ドイツ企業では、残業代が毎月払われるわけではなく、年1回まとめてか、退職時にまとめて払われる。

ドイツで働く日本企業の管理職社員からは、「1日10時間の縛りのために、仕事が中途半端のままで社員を退社させなくてはならないという弊害もある」という声も聞く。一方で、ドイツ人からは1日10時間の上限規制を批判する声は聞いたことがない。

法律や規則を何よりも尊ぶドイツ人は皆、法律だから仕方がないと割り切っている。

また、「1日10時間以上働くと疲れて集中力が低下し、ミスが増えるので効率が悪い。早めに仕事を切り上げてリフレッシュし、翌日早くから仕事したほうが、はるかに効率的だ」というふうに考えているドイツ人が多い。

私はNHKで働いていた8年間、労働時間の管理などまったく考えたことがなかったが、当時の上司たちも労働時間の上限などほとんど気にしていなかった。

番組が完成するまで不眠不休で働くことが、当たり前だったのだ。

私はアメリカやドイツをテーマにした4本の『NHKスペシャル』の取材・制作に携わったが、特にキツかったのはビデオテープの編集だった。

最初の山場は、いわゆる〝粗編《あらへん》〟の制作だ。粗編とは、使えるカットを抜き出して粗くつないだ編集のこと。

この内容が上司に評価され、その先の編集作業にゴーサインが出るかどうかが決まるので、ディレクターは血眼になる。この粗編の制作や、アナウンサーが読むコメントの執筆は、徹夜作業になることが多い。

朝型人間の私は、徹夜が大の苦手だ。夜中の2時、3時になると頭が朦朧《もうろう》としてきて、まともな文章が書けなくなる。「早く眠りたい」という思いでいっぱいになり、コーヒーを何杯飲んでも睡魔に襲われる。そのため、席を立って、歩きながら文章を考えていた。

百害あって一利なしの徹夜作業は、もう二度とやりたくない。

プレッシャーの恐ろしさ

徹夜といえば、忘れられないエピソードがある。

私がNHK入局2年目の駆け出し記者だった頃、勤務先のNHK神戸放送局管内である殺人事件が起きた。

私はベテランの先輩ディレクターとともに、この事件について約10分間のレポートを制作するように命じられた。

NHKに入って初めて、朝7時からのニュース番組で全国放送されるレポート（NHKでは「全中」と呼ばれる）だけに力が入った。

先輩記者の助力があって重要なインタビューを撮ることができ、放送前日の夕方から編集作業に入った。しかし、作業は難航。朝5時、つまり放送2時間前になっても、コメントがまったく書けずにいた。

テレビのコメントは、新聞や雑誌の原稿とは異なる特殊な文章だ。厳しい時間的制約の中、本質を簡潔に表現し、視聴者が即座に内容を理解できる文章でなくてはならない。

警察署回りばかりで、コメントを書く経験を積んでいなかった駆け出し記者の私に、短時間で全国放送のコメントを書けというのは、無理な注文だった。そもそも徹夜による疲労のため、筆がまったく進まない（ちなみに当時は鉛筆書きだった）。

そんな時、先輩ディレクターが突然、うわ言のような言葉を発しながら、その場でグルグルと歩き始めた。

あまりのプレッシャーのため、ついに〝キレて〟しまったのだ。

「原稿より健康」という格言

キレてしまった先輩ディレクターは、良質の番組を何本も作り、経験豊富なベテランだったが、放送開始までわずかとなった締め切りのプレッシャーに負けてしまったのだ。

そこへ、彼の上司である百戦錬磨のチーフ・プロデューサーが出勤してきた。私たちの様子を見て「これはまずい」と即座に判断し、私から事件の内容を口頭で聞き取りながら、鉛筆でさらさらとコメントを書き上げた。

そのコメントをもとに、私がレポートの事前収録を終えたのは、放送のわずか30分前だった。

私たちのピンチを間一髪で救ってくれたチーフ・プロデューサーは、素晴らしいコメントの書き手として局内で知られた人だった。

彼がいなかったら、重要なレポートを放送できない一大不祥事を招いていたところだった。「テレビって怖い業界だな」と心底思わされた。

重要な番組のコメントは、十分な睡眠を取った後、すっきりした頭で書くべきだ。それがお客様、つまり視聴者のためにもなる。私はこうした経験から、長時間労働、特に徹夜作業がいかに非効率であるか、身をもって知ることになった。

メディア業界には「原稿より健康」という格言がある。

日本でも労働時間は、１日10時間以内に抑えるべきだ。徹夜労働は、自然災害などの非常時を除けば、行うべきではない。

1年のうち41%は働かないのに経済好調

前述したようにドイツ企業は、社員に毎年最低24日間の有給休暇を与えなくてはならない。これは今から半世紀以上も前（1963年）に施行された「連邦休暇法」によるものだ。

実際には、毎年30日間の有給休暇を認めているドイツ企業がほとんどである。これに加えてドイツには祝日が多い。

クリスマスや元日、東西ドイツ統一記念日のように全国共通の祝日は、年9日。この他、宗教上の理由で、一部の州だけに認められている祝日が年5日ある。

地方分権を重視するドイツでは、州政府や自治体が独自の祝日を制定する権利を認めている。私が住んでいるバイエルン州には、カトリック教徒が多いため、キリスト教に関係した祝日が多い。2017年のバイエルン州の〝通常の祝日〟は12日ある。

2017年は、1517年にルターが「95ヶ条の論題」を発表したことで始まった「宗教改革」から500年目にあたるため、ドイツ国民には特別な〝おまけの休日〟が設けられた。

ルターがヴィッテンベルクの教会の扉に「95ヶ条の論題」を張り付けたのは、１517年10月31日とされる。このため政府は、２０１７年10月31日を特別に祝日としたのだ。つまり２０１７年だけは、祝日の日数が13日となる。

さらにバイエルン州北西部のニュルンベルクなどでは、８月15日が「マリア昇天日」という祝日、さらにアウグスブルクでは30年戦争を終結させた１６４８年のヴェストファーレン条約を記念して、毎年８月８日が「平和の祭」という祝日になっている。

この他に企業が自主的に休業する日もある。毎年２～３月に行われるカーニバル（謝肉祭）の火曜（２０１７年は２月28日）と12月24日のクリスマス・イブには、大半のドイツ企業が休業するので、事実上の祝日となっている。

これらに土・日曜も入れると、ドイツ人のサラリーマンは毎年約１５０日休んでいることになる。つまり、１年の41％は働かない〝休暇大国〟であるにもかかわらず、世界有数の経済大国としての地位を保っているのだ。

最低有給休暇日数は日本の倍以上

ＯＥＣＤが２０１６年12月に発表した統計は、各国の法律で定められた最低有給休暇の日数、法定ではないが大半の企業が認めている有給休暇の日数と、祝日の数を比較している。

ドイツの大半の企業が認めている有給休暇（30日）と祝日（12日）を足すと、42日となり世界最高となる。一方、日本は法律が定める有給休暇（10日）と祝日（16日）を足しても26日で、ドイツに大きく水をあけられている。

日本では、継続勤務年数の増加とともに有給休暇の日数が増えていく。たとえば、入社から半年経つと有給休暇が10日与えられ、3年半以上経つと14日、6年半を超えると20日間の有給休暇を与えられる。

ドイツの大半の企業では、半年の試用期間を経れば、すぐに30日間の有給休暇が与えられる。

なお、アメリカでは法律で最低有給休暇日数が定められていない。ドイツに比べると労働者の権利が制限された、経営者に都合のよい〝休暇小国〟である。

アメリカのサラリーマンは、休暇中に自分の仕事を同僚に奪われることを恐れる傾向があり、まとまった日数の休暇を取らないことでよく知られる。その背景には、法律で労働者の休む権利が保障されていないという実態がある。

日本の有休消化率はドイツの半分

オンライン旅行会社のエクスペディア・ジャパンは、有給休暇取得率の国際比較を毎年発表している。

これによると、２０１６年の日本の有給休暇取得率は、前年より10ポイント低い50％で、同社が調査した12ヶ国中最低となっている。

この統計にドイツは含まれていないが、ドイツでは管理職を除く社員は30日間の有給休暇を１００％消化するのが常識となっている。

ドイツの平社員は毎年30日、つまり6週間の有給休暇を１００％消化し、それでいて労働生産性は日本を上回り、経済も絶好調なのである。

厚労省の統計によると日本の労働者の有給休暇取得率（２０１４年）は、平均47・6％（就労条件総合調査より）とドイツの半分以下。しかも、有給休暇取得率は１９９３年の56・１％を頂点に、年々下がる一方だ。

日本はＧＤＰでは世界第3位の豊かな国だが、余暇という尺度で測ると、貧しい国だと思う。

ドイツでは有給休暇を100％消化しないと、上司から「なぜ全部消化しないのだ」と問いただされる。

管理職は、上司や労働組合から「なぜあなたの部署に有給休暇を100％消化しない社員がいるのだ。あなたの人事管理が悪いせいで、休みを取りにくくなっているのではないか」と追及される可能性も高い。

管理職は白い目で見られたくないこともあり、部下に対して有給休暇の100％消化を事実上義務付けている。

長期休暇に罪悪感を抱かない

先のエクスペディア・ジャパンの調査によると、「有給休暇の日数が足りない」と感じている人の割合は、スペイン68％、韓国65％と高いのに対し、日本は34％と非常に低い。

また、「有給休暇を取る際に罪悪感を感じる」と答えた人は、フランスの22％に対し、日本では59％と非常に高かった。「自分の有給休暇の日数を知らない」と答えた人もフランス14％に対し、日本47％と非常に高い。いずれも、ドイツ人にとっては信じられないことだ。

日本では「有給休暇を取ると他の同僚に迷惑がかかるので、あまり取る気にならない」と感じる人が多いようだ。あまり有給休暇を取らないので、その日数自体を把握しようとしないのだろう。

ドイツでは、「長期休暇（有給休暇）を取ることは労働者の当然の権利」という考え方が根付いており、全員が交代で休みを取るので、罪悪感を抱いたり白い目で見られたりすることはない。

私がNHKで働いている頃、ヨーロッパへ個人的な旅行をするために1週間の休暇を取った際、「同僚に対して申し訳ない」という後ろめたい気持ちを抱いたものだが、ドイツに27年住み続けてきた今、当時を振り返ってみると、「なぜあんな気持ちを抱いたのか」と不思議に思う。

これは、日本の学校教育が大きく影響しているように思う。

集団の調和を重視する教育で育った私たち日本人は、「他の人が働いているのに、自分だけが休んではいけない」という罪悪感を抱きやすい。

皆が働いている時は自分も働き、皆が休んでいる時は自分も休む。そんな集団との一体感と安心感を得ようとする傾向が強い。

ドイツ人には、そうした罪悪感はゼロに等しい。2~3週間の長期休暇を取る同僚には、「思う存分楽しんできてね!」と送り出す。自分も別の時期に長期休暇を取るからだ。

休暇中の連絡先を上司に伝える必要はないし、平社員であれば会社のメールをチェックする必要もない。職場の同僚に、お土産を買って配る習慣もない。

気分転換には最低2週間が必要

あるドイツ人に2~3週間まとめて休む理由を尋ねると、「頭をクリアにして仕事のことを忘れるまで1週間はかかる。休んでいても最初の1週間は心のどこかで会社のことが思い浮かんでしまう。本当にリフレッシュできるのは2週間目からだ」という。

休暇の重要な目的の1つはリフレッシュ、気分を一新することにある。仕事以外の世界も存在すること、そして自分が会社員であるだけでなく、1人の人間であることを改めて認識する。

そもそも、日本のサラリーマン人生は、会社が占める比重が大きすぎる。日本は世界第3位の経済大国なのだから、2週間程度の長期休暇を誰もが心置きなく取れるような環境を目指すべきだ。

長期休暇で心身をリフレッシュすれば、仕事のための活力も回復する。鬱病などの精神疾患で会社を休まざるを得ない人も減るだろう。まとまった長期休暇を社員に取らせることは、会社のためにもなる。

多くのドイツ人は、年明けからその年1年間のバカンスの計画を練り始めるので、「ドイツ企業は、休暇を中心に回っているみたいだ」と思う日本人駐在員もいる。ドイツ人は、同僚と長期休暇が重ならないように、年初からお互いの計画について相談を始める。

1年前から翌年のバカンスの計画を練り始める人さえいる。

2～3週間にわたりリゾート地に滞在するとなると、コストがかさむので、ホテル・飛行機・食事込みの割安なパッケージ旅行を、売り切れる前に早く予約しようというわけだ。

ドイツで働く日本人の感想

長期休暇を取る時期は、十人十色だ。同僚と時期が重ならず上司が同意すれば、いつでも長い休みを取れる。

子どもがいる人は、学校が夏休みになる7～9月（夏休みの時期は、州によって異なる）、冬休みがある12月に2～3週間の休みを取ることが多い。

日本では、多くの人が8月のお盆時期に集中して休みを取るため、高速道路が何十キロメートルも大渋滞したり、新幹線や飛行機が満員になったりする。

5月のゴールデンウィークや正月休みも同様だが、ドイツから見ると気の毒でしかない。リフレッシュするには程遠い苦行であるかのようだ。

これでは仕事をするより、休暇を取るほうが疲れてしまう。まさに本末転倒である。

2011年にドイツの日刊紙「南ドイツ新聞」は、あるドイツ企業に数年間勤務していた日本人をインタビューし、「私は生まれて初めてドイツで2週間半の休暇を取って感激した」というコメントを紹介している。

ドイツ人にとって、2～3週間の休みをまとめて取ることは、珍しくもなんともないのだが、日本人にとって2週間以上まとめて休めるということは、極めて衝撃的な体験なのである。

この記事は、ドイツの長期休暇、短時間労働について日本人社員の感想を紹介することで、間接的に日本の労働条件がいかに劣悪であるかを浮き彫りにしている。

ちなみにロンドンの金融業界で働いていたイギリス人によると、イギリスの企業でも2週間休みをまとめて取ることは難しく、長くても1週間だという。

「労働時間の規制も、ドイツのように厳しくは守られていない」と語っていた。イギリスも日本同様、企業に対する法律上の規制が緩いのである。

超長期休暇「サバティカル」で1年休む

ドイツには、日本にはない長期休暇の仕組みもある。

ＢＭＷ、アウディ、フォルクスワーゲン、シーメンス、ドイツ銀行などの大企業は、短くても1ヶ月、長ければ1年間の長期休暇を与える「サバティカル」というものを導入している。

サバティカルとは、もともと大学教授が外国で長期にわたって研究をしたり、本や論文を書いたりするための制度である。ドイツでは以前から中央官庁に導入されていたが、ここ数年間で民間企業にも広がってきた。

ドイツでサバティカルを導入している企業の割合は、2017年時点では約5%とまだ少ないが、増加傾向にある。

企業はサバティカルを終えた社員が、同じ仕事に復職できることを約束しなければならない。

ある企業では最長3ヶ月間のサバティカルを導入しているが、その間は無給。別の会社では1年間25%の減給を受け入れれば、最長3ヶ月間のサバティカルがもらえる。給料は25%減るものの、有給休暇の日数が年間30日から120日に増えることになる。

サバティカルは、仕事だけでは得られない経験をして、自分を成長させるきっかけにもなる。

あるドイツ人外交官は、外務省で無給のサバティカルを取り、恋人とオランダの海辺の町で1年を過ごした。別のドイツ人は無給のサバティカルを3ヶ月取り、発展途上国でボランティアとして働いた。

ドイツでは、コンサルタント企業の間で、サバティカルを導入している会社が目立っている。

コンサルタントは職業柄、労働時間が比較的長く、長期出張も多い。ハードな職種だけあって、まとまったリフレッシュ期間が求められるのだろう。

繁忙期にもかかわらず、半年のサバティカルを取った管理職もいる。日本と同様にドイツの管理職も、上司と部下の間で板挟みになりストレスが多いのだが、よく繁忙期に半年ものサバティカルを取ったものだと感心してしまう。

最近ではサバティカルをドーンと取る管理職が増えている。彼らは給料が高いので、数ヶ月間無給でも、まったく困らないのだ。

評価が下がらず堂々と休める仕組み

サバティカルを取った人の経験談を聞くと、最大の難関は上司の許可と同僚たちの同意を得ることだという。

サバティカルは復職を保障しなければならないので、代理の人材を採用することは許されない。そのため、職場の同僚たちが代わりに仕事をすることになる。

あるドイツ人女性は、幼い子どもとゆっくり時間を過ごすため、3ヶ月のサバティ

ドイツ人が1年間に休む日数は、世界で最も多い

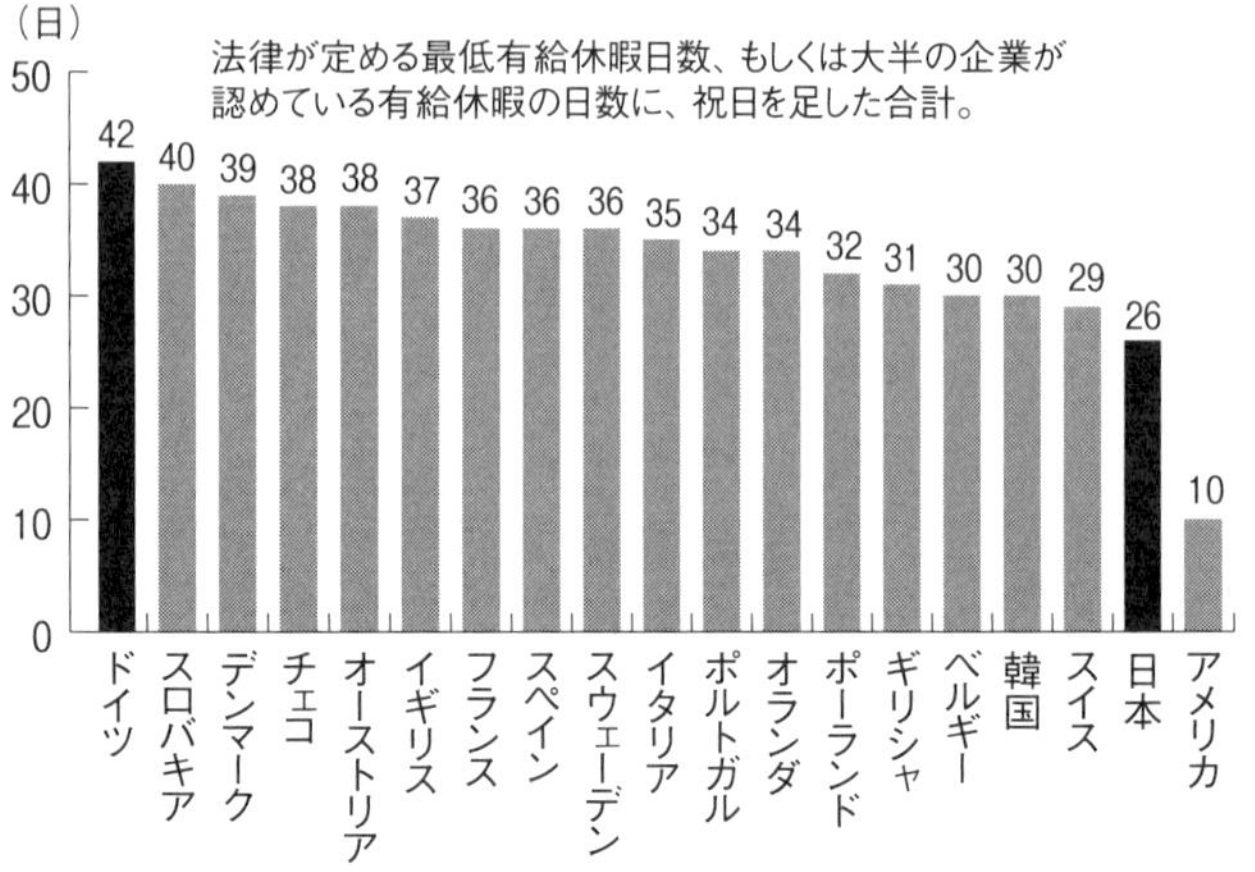

資料：OECD(2016年12月)

カルを取ったが、「休暇中は一度も会社のメールをチェックしなかった」という。

もちろんサバティカルに入る前、同僚たちの理解と支援を得て業務を引き継ぎ、取引先には「3ヶ月間休むので連絡は代理の同僚にしてほしい」ということをきちんと伝えてのことである。

こうした話を聞くと、会社組織というものは管理職も含めて欠員があっても回るものであり、「余人をもって代えがたい」という人は、ほぼ皆無だということがわかる。

それにしても、民間企業にもサバティカルを導入するドイツは、休暇については本当に気前のよい国である。

非常に低い日本の有給休暇取得率

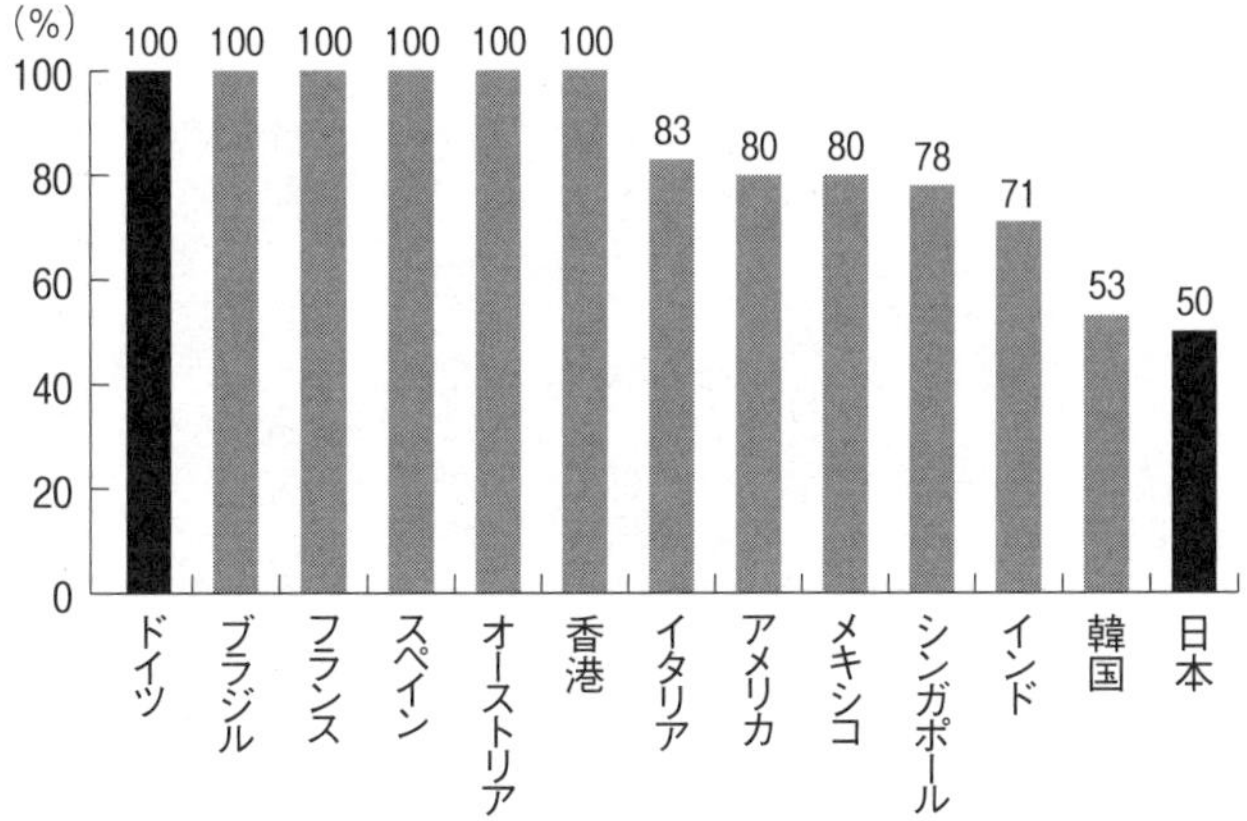

資料：エクスペディア・ジャパン（2016年12月）
（同社の統計にはドイツは含まれていないので、筆者がドイツを加えた）

日本の有給休暇取得率の推移

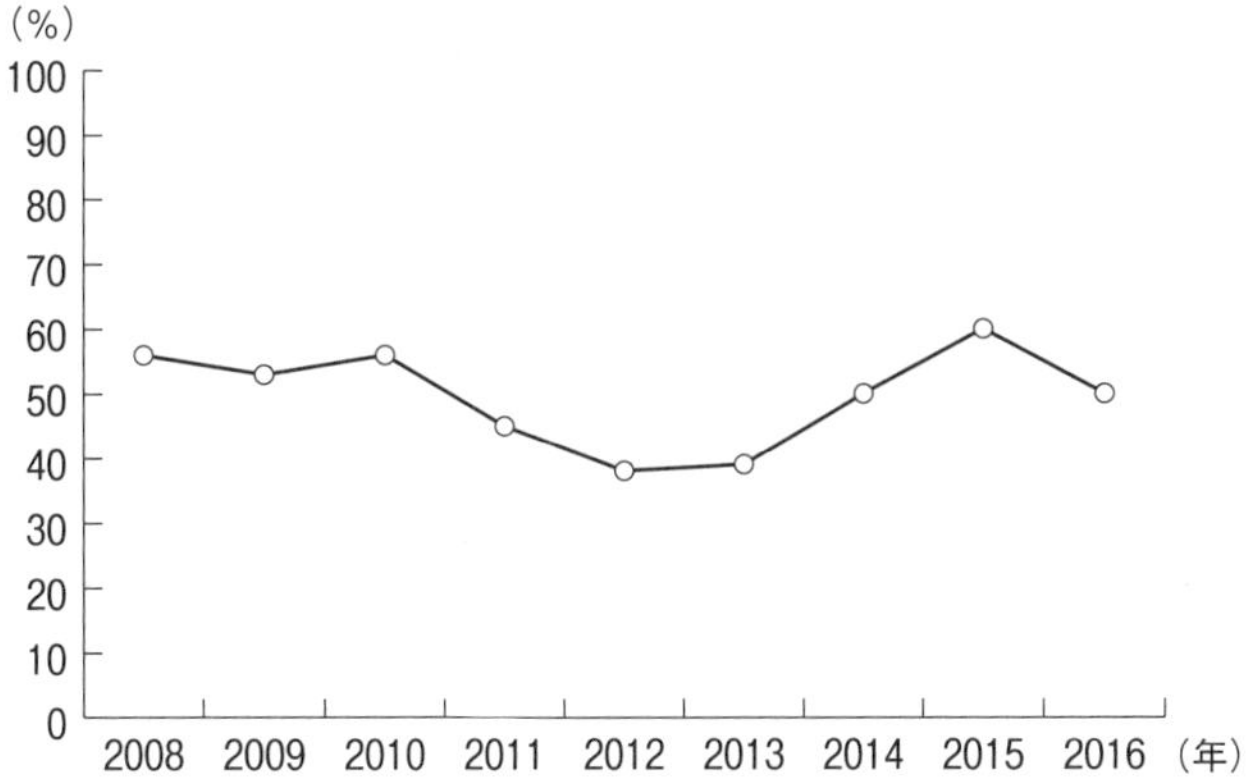

資料・エクスペディア・ジャパン（2016年12月）

病欠に6週間まで給料が払われる

日本で早急な改善が必要なのは、「病欠」（病気欠勤期間）の扱いだ。日本では労働基準法に病欠に関する規定がない。それぞれの企業が就業規則で病欠の扱いを定めている。

日本では、病気やけがなどで会社を休んでも、病欠ではなく有給休暇を取るのが普通になっている。

一方、ドイツでは、有給休暇と病欠の混同は許されない。法律で有給休暇と病欠を明確に区別している。

ドイツでは、有給休暇とは健康な状態で日常の仕事のストレスから解放され、家族と時間を過ごしたり、自分の好きなことをしたりするためのものだ。

病気やけがで会社を休むのは、有給休暇の対象とならない。

ある日本人サラリーマンは、「有給休暇は年14日あるけれど、消化するのは7日くらい。残りは病気になった時のためにキープしておく」という。これも、日本の有給休暇消化率が低いことの大きな原因となっている。

また、ある日本人の知り合いは、「日本は健常者でなくてはならない社会だ。身体を壊すと冷たい国だから」と言っていた。日本で有給休暇の消化率を１００％に近づけるためにも、有給の病欠を認めるべきだ。

ほとんどの日本企業では、重い病気にかかったり大けがをしたりした場合（労災を除く）、まず有給休暇を消化し、次に1ヶ月半（45日間）の病欠期間に入る。その45日間を過ぎても治らない場合、休職となる。

日本の大半の会社では、病欠・休職ともに、その間は無給である。

こうした日本の実態についてドイツ人に話すと、「信じられない」という反応が返ってくる。ドイツでは病気やけがで会社を休む場合、有給の病欠となるのが当たり前だからだ。

病気やけがのために有給休暇を消化することはあり得ない。

有給休暇と病欠の混同はやめるべき

ドイツでは「給与支払い継続法」という法律によって、病欠した場合、最長6週間（30日間）まで給料が支払われる。もちろん、病欠する場合、医師の診断書（証明書）

を会社に提出しなくてはならない。

病欠が6週間を過ぎると、公的健康保険によって最長78週間まで「病気手当」が支払われる。その額は、病気になる前に受け取っていた給料の70％。2014年には約180万人に、この病気手当が支払われた（ドイツ連邦政府調べ）。

私の知り合いのドイツ人にも、スケート中に転倒して足を骨折したり、森の中でトレイルランニングをしている時、野ウサギが掘った穴に足がはまって骨折したり、深刻な腰痛のために数ヶ月にわたって会社を休んだりした人がいるが皆、最初の6週間は会社から給料を得ていた。

病気やけがで長期間休職しても、正当な理由があれば経歴に悪影響を及ぼすこともない。

たとえば、こんなことも考えられる。

2週間のバカンス中、1週間は病気で寝込んでしまったとしよう。そのことをメールなどで上司と人事部に連絡し、出社後に医師の診断書（証明書）を提出すれば、有給休暇中に寝込んでいた日数は返ってくる。

現実には、有給休暇のうち、病気で寝込んでいた有給休暇日数の返還を求める人は少ない。しかし、制度上は証拠書類をそろえて申請すれば、企業は有給休暇を返還しなくてはならない。

日本企業の経営者や管理職は、病欠で有給休暇を消化させることに違和感がないだろう。当の社員も、ドイツのように病欠に6週間までは給料が支払われる国があることを知らず、問題視することがない。

病欠時には給料を払わない日本企業は、社員がなるべく病欠を取らないようにプレッシャーをかけているとも解釈できる。ドイツに比べて、労働者にとって、はるかに厳しい制度なのだ。

病欠について法整備を行わない日本政府にも責任がある。日本でも、一定期間の病欠については、ドイツのように給料を払うべきだ。

そうでなければ、社員の多くが「病欠する時のために有給休暇を残しておこう」と考えて、有給休暇を消化しなくなる。

モラルハザードをどう防止するか

日本で病欠期間に給料を払うと、「病欠を乱用する社員が出てくるのではないか」と懸念する人事担当者がいる。病欠は有給休暇を消化するか無給にしておかないと、仮病を使ってズル休みをする社員が出てくるだろうというのだ。

日本は欧米と異なり、信頼に基づく社会だといわれるが、人事担当者のこういうコメントを耳にすると、日本企業の社員に対する信頼は、本音のところでは希薄だと感じる。

ドイツにも、病欠に対するモラルハザードはある。だからこそ病欠の際、医師の診断書（証明書）が必要なのだ。さらに、仮病で休んだことがわかったら、即刻解雇される。

このように制裁措置が非常に厳しいので、ズル休みをする人は少ない。皆無とまでは言えないだろうが、強力な抑止力となっていることは間違いない。

ズル休みに対するドイツ企業の制裁措置が、どれくらい厳しいか。具体例を挙げてみよう。

病気やけがの治療の後、医師や公的健康保険が「順調な回復のためには、環境がよい場所での療養が必要」と認めた場合、20日間程度のリハビリ休暇が特別に認められることがある。

以前は、「クアー」（転地療養）と呼ばれた。30年ほど前と比べれば、最近ではこの制度を利用する人は少なくなったが、重い病気やけがの後には、今でもリハビリ休暇を取る人がいる。

リハビリ休暇中は、健康保険組合が指定した療養施設に滞在しなくてはならない。その療養施設は、海岸や湖畔、山岳地帯など静かで空気のよい場所にあることが多いので、贅沢な制度ともいえる。

ある社員が、会社には「リハビリ休暇を取っている」と言いながら、実は別の観光地で遊んでいた。

その社員は運悪く、観光地で同じ会社の別部署の課長とばったり会ってしまった。その課長は人事部に通報し、その社員は即刻解雇された。

ドイツ企業は社員にさまざまな権利を認めているが、その権利を乱用した場合、容赦なく制裁の鉄槌《てっつい》を振り下ろす。これがモラルハザードの抑止力になっているのだ。

産休・育休にも歴然たる違い

法律で認められている産前・産後休暇の期間は、日本とドイツはともに14週間と違いがない。だが、その待遇に大きな違いがある。

ドイツでは、「母親保護法」によって産前・産後休暇の14週間の給与を100%支払うことが義務付けられている。一方、日本の労働基準法では、産休期間の給与の支払いについて定めておらず、各企業に任されている。

さらにドイツの「育児休暇法」では、最長3年間の育児休暇を認めており、企業は復職を保障しなくてはならない。

育児休暇中は無給だが、国に申請すれば給料（手取り）の67%（月額最高1800ユーロ＝21万6000円まで）が「育児手当」として支給される。

さすがのドイツでも、最長3年間の育児休暇をフルに活用する人は少ない。

2013年に育児手当を得た母親の92%は10〜12ヶ月、父親の80%は2ヶ月の育児休暇を取っており、育児手当の支給総額は49億ユーロ（5880億円）となっている。

日本でも1991年に「育児介護休業法」が制定されており、原則として子どもが生まれた日から1歳に達する日までに申し出れば、育児休暇を取ることができる。

しかし、厚生労働省の統計（2015年）によると、育児休暇を取った父親のうち1ヶ月以上休んだ人はわずか16・7%で、56・9%は最長4日間しか休まなかった。

そもそも育児休暇を取る父親は少ないのだが、上司や同僚に気兼ねして長期の育児休暇を取りにくい日本の職場の実態が浮かび上がっている。

無駄を嫌う国民性

ドイツの労働時間の短さは、国民のメンタリティーとも深く関係している。

ドイツ人には倹約家が多く、無駄を極端に嫌う。たとえば、どこのガソリンスタンドが安いかを血眼になって調べ上げ、１セントでも安いスタンドで給油する人がいる。同じものなら少しでも安く手に入れることに、幸せを感じる人が多いのだ。

友人や同僚らと外食する時、割り勘はあり得ない。自分が注文した分だけ支払うのが当たり前である。ウエイトレスも慣れていて、「別々に」と言えば、１人ずつ勘定書を渡してくれる。

倹約を重んじるので、仕事に関しても少ない時間（労力）で大きな効果を生むことを重視する。そのため、社内会議の開始が数分遅れても、不平不満を口にする傾向が強い。

多くのドイツ企業は成果主義を採用しており、年が明けると、社員は上司との間で年間に達成するべき目標を決める。プロのスポーツ選手のように、どの程度目標が達成されたかによって、次の年の収入が増減する。

ただし、同じく目標を達成しても、残業時間が短い社員のほうを高く評価する。同じ成果を生むために投入する労力と時間は、少ないほうがよいとされるのだ。

労働時間が長く、なおかつ目標も達成できないというダブルパンチとなれば、〝無能〟と判断されてしまう。

これに対し、日本では成果だけでなく、仕事のプロセス（過程）が重視される傾向がいまだに強い。注ぎ込まれた労力と時間が、仕事に対する「真剣さ」や「頑張り」を表すという評価が残っているのだ。

優秀な社員でも仕事をサッと仕上げると、「手抜きしているのではないか」と疑われることさえある。

そこに効率性の視点は、完全に抜け落ちている。それどころか、「残業時間が長いほど、頑張っている証拠。残業時間が短い社員は頑張っていない」という考え方につながる危険をもはらんでいる。

こうしたことが、日本の労働生産性が低い理由にもつながっている。

ドイツでは、成果が同じならば、少ない労力で早く仕上げる社員が優秀と見られ、仕事が早く片付いたら、早く退社するのは当然のことである。

ドイツ語には、日本語の「頑張る」に１００％あてはまる言葉は存在しない。「結果はだめだったが、よく頑張った」という誉め言葉はあり得ないのだ。

ドイツでは、結果が悪かったら、無駄な労働時間を費やしたとして批判されるだけ。こうしたメンタリティーの違いが、日本とドイツで労働時間の大きな格差を生む一因になっている。

家庭生活をおろそかにすると離婚される

ドイツでは日本より私生活が重視されており、これもドイツの労働時間が短い理由となっている。

ドイツ連邦統計局によると、２０１５年に16万３３３５組の夫婦が離婚した。結婚生活が続く年数は、平均14・９年。離婚件数は年々減っているが、人口１０００人当たりの離婚率は２・11で、日本の１・73を上回る（厚生労働省の人口動態統計の年間推計２０１６年度版）。

ドイツでは共働きの家庭が多いので、離婚後も経済的に自立できる女性が多いという事情もある。

毎晩残業したり頻繁に出張したりするサラリーマンは、配偶者から三下り半を突き付けられることを覚悟しなくてはならない。逆に妻が華々しく出世して、夫や子どもの面倒を見られないケースも同様である。

ドイツでは、友人の誕生日パーティーなどに招かれると、カップルで出席するのが基本となっているが、そうした場に1人で行かなくてはならないことが増えると、疎外感が高まり、離婚に発展するきっかけになりかねない。

また、日本とは異なり、ドイツでは子どもを塾や予備校に通わせる親はほとんどいない。極端に成績が悪い子のための特別な補習教室を除けば、塾や予備校は日本ほど普及していないのだ。

ドイツの教育制度では10歳時点の成績で、大学などで高等教育を受けるか、それ以外の道へ進むかが決まってしまう。大学に進学するには、11歳から中等教育機関「ギムナジウム」（日本の中学・高校に相当）で学ばなければならないからだ。

10歳時点の成績が悪くてギムナジウムに進めないと、高等教育を受けるための道が断たれてしまう。そして、敗者復活の可能性は極めて低い。

このため、勉強が苦手な10歳の息子がいる知り合いのドイツ人は、朝7時に出社して午後3時に退社し、必死で子どもの勉強の指導をしていた。

夏休みの宿題は法律で禁止

日本人駐在員が多いデュッセルドルフやミュンヘンには、日本人駐在員の子ども向けの塾がある。日本に帰国後の受験に備えるためだ。

これらの塾では、日本と同時に模擬試験が実施されることもある。遠路はるばるパリから、デュッセルドルフの塾に子どもを通わせている親もいる。

わが子を落ちこぼれにしたくないという親心は理解できるが、子どもの頃から自由時間が少ない生活に慣れさせられてしまっては、大人になってから自由時間を楽しもうということにはなりにくいだろう。

あるドイツ人が東京を訪れた際、「塾から夜9時頃に帰宅する子どもたちの姿を見て、びっくりした」と語っていた。

ドイツでは、このような光景は考えられない。子どもが勉強だけでなく、家族や友だちと一緒に過ごす時間を重視しているからである。

実際、ドイツの多くの州政府は、夏休みや冬休みに宿題を課すことを禁止している。夏休みや冬休みの目的は、子どもが勉強での疲れを癒し、家族や友だちとの時間を楽しむことだからである。

バイエルン州教育省の規則では、夏休みなどの長期休暇だけではなく、日曜・祝日に宿題を課すことも禁止している。

夏休みに宿題がどっさり出るのが当たり前の日本とは、まったく逆である。夏休みに水泳の授業のために学校に行ったり、クラブ活動をしたりすることも、ドイツでは考えられない。

ドイツでは子どもの頃から勉学と余暇をきちんと区別し、自由時間を楽しむことに慣れている。その習慣が大人になってからも生きているわけだ。

第4章

ドイツの仕事は個人でなく会社につく

長期休暇を取っても白い目で見られない

ドイツのサラリーマンが、2~3週間の長期休暇を取れる最大の理由は、仕事が個人（担当者）ではなく、組織（会社）についていることにある。特定の担当者がいなくても仕事が回る体制が整備されているのだ。

社内外の雇用流動性が高いドイツでは、自分の給料を上げたり新たなキャリアを積んだりするため、他部署への転属希望を出したり他社へ転職したりする人が多い。このため、業務の担当者が頻繁に代わる。

こうした環境から、ドイツの商習慣においては、誰が担当者であるかではなく、会社としてきちんと対応してくれることが重視される。

仕事が会社についていれば、担当者が長期休暇で不在でも、代理の担当者がきちんと対応するサポート体制が整っていれば問題はない。

一方、日本では、仕事が担当者に固定されていることが当たり前である。

人間関係を重視する日本の商慣習では、多くの顧客がいつでも担当者に連絡を取れるのが当たり前と考える土壌がある。「担当者は自分のことを一番よく理解しているので、その人に連絡すれば最良のサービスを受けられる」と思うのだろう。その担当者と2週間も連絡が取れなくなるなどということは、日本では言語道断である。

たとえば、取引先から連絡が入った時、「担当者は2週間の休暇中でして、連絡が取れません」と伝えたとする。代理の同僚が対応しても、内心では不満に思うだろうし、「担当者を出せ！」と腹を立てる人が出てくるかもしれない。

これに対してドイツでは、担当者と2週間の長期休暇で連絡が取れなくても、何の問題もない。代理の同僚がきちんと対応してくれさえすれば、顧客は満足する。

ドイツの顧客にとって本当に重要なのは、その企業からきちんとした対応をしてもらうことであり、「自分に対応してくれるのが、常に特定の社員でなくてはならない」という認識は、ほとんどない。

それは、ドイツでは顧客自身も長期休暇を取るので、「休暇は聖なる万人の権利」ということを共通認識として理解しているからだ。

したがって、職場や経営者だけでなく、社会全体で休暇に対する不平等感や妬みをなくす意識改革は、極めて重要である。そうでなければ、すべてのサラリーマンが長期休暇を普通に取れる社会は実現できない。

長期休暇を取るには共有ファイル設置が第一歩

仕事が個人ではなく、会社につくためには、具体的にどうすればよいか。

第一歩は、個人が仕事を抱え込まないことだ。そもそも、仕事は個人のものではなく、会社のものなのだから、部署単位で仕事を共有する仕組みを築くことがポイントになる。

具体的には、社内のＩＴシステムに課の全員がアクセスできる共有ファイルを設ける。担当者が休暇中でも、同僚が書類やメールのやり取りなどを調べて、顧客の問い合わせに迅速に対応できる仕組みを設けるのだ。

普段から共有ファイルを構築しておくことによって、担当者が長期休暇を取っても代理の同僚が容易に資料にアクセスできるようにしておく。

「同僚が自分の仕事の情報にアクセスできるなんて考えられない」と思う人もいるかもしれない。

だが、労働時間の短縮や長期休暇の取得を当たり前にしたいのなら、〝属人主義〟や〝縄張り主義〟は捨てなければいけない。

もちろん、顧客の個人情報漏洩がご法度なのは言うまでもない。そのようなことをした社員は、雇用時の労働契約書や会社の就業規則にある守秘義務に違反したことになり、ドイツでは即時解雇される。

顧客情報の機微をどうしても他の顧客の担当者に見てほしくないと考えるならば、普段から担当者を１人ではなく、２、３人のチーム制にしておくことだ。そうすれば、チーム内で交代しながら休むことができる。

管理職は部下の休暇に対応する仕組みを設ける

共有ファイルを設けるとともに重要なことは、自分が休む時に代理の同僚を決めておくことだ。その同僚とは、休みが重ならないように、事前に打ち合わせをしておく。どうしても休みが重なってしまう場合、別の同僚に代理を頼む。そして、休暇中に取引先から電話やメールが来たら、代理の同僚に自動転送されるように設定しておく。ドイツ企業の管理職は、長期休暇中の部下にメールや電話で連絡を取ることは基本的にできない。

だから、代理の同僚が顧客からの問い合わせに対応できないという事態は、絶対に避けなくてはならない。

管理職の間には休暇中であっても、会社のメールをチェックする人が多い。平社員に比べてはるかに高い給料を得ているのだから、休暇中に会社のメールを読むのは当然ともいえる。

管理職は部下が休暇中でも、取引先や社内の問い合わせに迅速に対応できるシステムを構築しておかなくてはならない。

育児休暇や病欠、研修などで、長期にわたって職場を空ける社員も少なくないので、管理職にとっては人材の手配が極めて重要な仕事となる。

人手が足りない繁忙期には、他の課から応援を頼むことも大切になる。そのため、管理職は普段から他部署の管理職と、良好な人間関係を作っておく必要がある。

休暇中は会社のメールを読まない

近年は社外からパソコンやスマホで、社内のＩＴシステムやクラウドシステムにアクセスできるようになっている。

しかし、せっかくの長期休暇中に、会社のメールをチェックしていたらリフレッシュはできない。オンとオフをごちゃ混ぜにせず、明確に切り替えるべきである。日本では週末や夏季休暇中も会社のメールをチェックすることが普通に行われているようだが、ドイツでは週末や長期休暇中だけでなく、平社員については平日も午後5時以降、メールへのアクセスを遮断するケースさえある。

平社員が夜間や週末に社外からメール対応する場合、勤務時間として算入する会社もある。

ドイツで働いた経験がある日本人の中には、「ドイツ人は日本人ほどきめ細かく連絡してくれない」と不満を抱く人もいる。メールを送っても返事が来ないケースも少なくない。

それは、彼らが余計な連絡のために時間を奪われるのを防ごうとしているからだ。平社員から取締役まで、１日10時間以内に仕事を終えなければいけないという共通認識があるので、何につけても余計な時間を割かない。

限られた時間内で成果を生めるかどうかが、仕事のよし悪しを判断する最も重要な物差しなのだ。そのため、メールにも明確に優先順位を付けている。メールが無視されたということは、優先順位の低いメールを送ったともいえる。

社内メールは少なければ少ないほどいい

日本企業では社内メールの数が、ドイツ企業よりもはるかに多い。毎日数百本ものメールをやり取りする〝猛者〟もいるようだが、全社員の労働生産性を引き上げるためにも、メールの数は極力減らすようにするべきだ。

メールを1本読んで返答するには、内容にもよるが2〜3分はかかるだろう。仮にメールを1日に100本受け取り、その半分に返信しなければならないとすると、その処理だけで1時間40分〜2時間30分もかかってしまう計算になる。

過剰な社内メールは、労働生産性を低くする。

上司や同僚、取引先に対しても、礼を失しない範囲でメールを短くして、重要なポイントだけを伝えることが重要だ。これは自分にとっても相手にとっても時間の節約になる。

相手のことを慮って、不必要な社内メールを送らないように自制する。メールを送る場合、相手を手間取らせないように極力要点を絞った内容にする。ドイツには、そうした共通認識がある。

私たち日本人は、たいして重要ではないメールを多くの人に一斉メールしたり、結局何を言いたいのかわからない長文を書いたりすることがある。相手に手間を取らせないという配慮が足りないのだろう。

日本企業では「報告・連絡・相談」を略した「報《ほう》・連《れん》・相《そう》」が大切だとされるが、ドイツではそのようなことはない。

ドイツでも重要な会議の根回しや、稟議がないことはないが、そういったことに日本ほど長い時間を割かない。

いくら社内での連絡を密にしても、成果が生まれなかったら、まったく評価されないという前提があるからだ。過程よりも結果が重視されるのだ。

徹底した時間管理で仕事を断ることも

ドイツのサラリーマンは「時間管理」をとても重視する。ドイツ流時間管理の要諦は、仕事に優先順位をつけることにある。

膨大な仕事量を１日でこなそうとするのは、時間的制約もあって不可能だ。ならば、その日に集中するべき仕事を取捨選択することが重要になる。

まずは、自分が抱えている仕事を書き出して〝見える化〟する。これはドイツのオフィスワーカーなら誰でも知っている「Wiedervorlage」（ヴィーダーフォアラーゲ）という伝統的な手法である。

「ＴｏＤｏリスト」（やるべきことの一覧表）といえば、日本でもご存じの方が多いだろう。

やるべき仕事のリストを作ったら、優先順位が最も高い仕事から順番に処理する（優先順位の低い仕事は、割り切って翌日以降に回す）。

ドイツでは、仕事のリストを作って1日10時間の勤務で締め切りまでに終えられないと判断したら、上司に「これは無理です」と率直に打ち明けるのが普通だ。

締め切りまでに終えることが不可能である理由を論理的に説明すれば、上司は納得して、他の社員に課題の一部を回すなどの対策を取る。

上司に能力が低いと見られることを恐れて仕事を抱え込み、1日10時間を超えて働いても、ドイツではまったく評価されない。

業務を重要度によって取捨選択し、「今日中に顧客向けパワーポイントを半分まで完成させる」「出張報告書を今日中に書き終える」といった具合に、その日にやるべき仕事を決める。

顧客からの緊急の問い合わせや上司からの命令でもない限り、その日は、その仕事に全力を傾ける。

マイクロソフト「アウトルックエクスプレス」の予定表や、「グーグルカレンダー」などに、その日の仕事を入力し、やり終えたら消去するという人もいる。

仕事が片付いていくのが目に見えるので、達成感もあって気持ちがいい。

こういう働き方を身に付けて、その日の仕事を終えれば、さっさと退社することが当たり前になる。ただ何となくダラダラと仕事をすることがなくなり、次の日には新たな仕事に全力で打ち込めるようになる。

ドイツの働き方を実体験できる

「労働時間が短いのに、ドイツの企業や経済がきちんと回っている様子を実際に見てみたい」と思う人がいるかもしれない。

学生であれば、インターン制度を利用して一時的にドイツで働いてみてはどうだろうか。

ドイツ企業は、若者に実習生や研修生として働く機会を積極的に提供しており、外国人にも広く門戸を開放している。

私自身、早稲田大学で経済学を学んでいた時、「アイセック」（ＡＩＥＳＥＣ）という国際機関のインターンシップ制度を利用し、１９８０年夏に２ヶ月間、ドイツの金融機関で働いたことがある。

アイセックは現在も海外インターンシッププログラムを運営している（詳しくは、アイセック・ジャパン www.aiesec.jp）。

私の場合は、経済学とドイツ語の試験に合格したので、アイセックが受け入れ先のドイツ企業を斡旋してくれた（もちろん、ドイツ以外の国でも研修を受けられる）。

私はいわゆる帰国子女ではなく、日本国内でドイツ語を学んだ。高校の必修科目だった第２外国語で、ドイツ語を選択して学んだのだ。大学時代には、夜間にドイツ語会話学校へ通った。

私はアイセックの手配によって、ドイツの学生寮に無料で滞在させてもらった。滞在した都市は、ルール工業地帯にあるデュイスブルク。ライン川に面した工業都市で、鉄鋼・機械・化学など重厚長大産業が多く、トルコ人の移民労働者が目立つ。

私は毎日、オーバーハウゼンという隣町まで電車で通い、ドイツ銀行の支店で働いた。当時から長時間残業をする人は、ただの１人もいなかった。行員たちは、平日の夜、週末、それに長期休暇を楽しんでいた。

学生だった私は日本企業で働いた経験はなかったものの、ゆとりあるドイツ人の働き方に強い魅力を感じた。

企業で実際に働いてみると、観光旅行とはまったく異なる角度から、外国社会を体験することができる。

ちなみに、アイセックのドイツ人ボランティアたちは、ライン川の川下りやベルリンへの研修旅行、屋外での焼き肉パーティーを企画するなど、私たち外国人研修生のためにいろいろと骨を折ってくれた。

特に、ベルリンへの研修旅行は印象に残っている。

「ベルリンの壁」の検問所を通り、社会主義圏だった東ベルリンを訪れたのだが、東西格差を頭に刻み込んだことは、後にジャーナリストとして働くうえで貴重な体験となった。

ドイツに滞在した２ヶ月間でドイツ語しか話さなかったことも、語学をレベルアップするうえで貴重な体験となった。残りの1ヶ月には、研修期間に稼いだ金で欧州各地を旅行した。

アイセックは経済学や経営学を学ぶ学生のために、外国企業でのインターンシップをアレンジする機関だが、理工系の学生のためには、「イアエステ」（IAESTE）という国際機関がある（詳しくは、イアエステ・ジャパン www.iaeste.or.jp）。

学生の皆さんには、こうした海外インターンシップ制度を利用して、実際にドイツ人の働き方を実体験することをおすすめしたい。

この章のまとめとして、次ページに明日にでも始められる働き方改革を表に掲げておこう。

身の回りからできる「働き方改革」のヒント

1	課のサーバーに共有ファイルを作り、同僚にアクセスを許す。
2	仕事を１人で抱え込まない。
3	自分がオフィスに不在の時のための、代理を決める。代理とは休みがだぶらないように注意する。
4	社内メールの量を減らす。「cc」の人数を減らす。
5	仕事に優先順位をつける。優先順位が高い仕事から処理する。優先順位が低い仕事は、翌日以降に回す。
6	課題をリストアップして「見える化」を図る。
7	課題をリストアップして、締め切りまでにすべて終えることが不可能とわかったら、上司に「締め切りまでに終えることはできません」と率直に相談して、他の同僚の応援などを求める。
8	その課題がどの程度の付加価値を会社にもたらすかを、課題に取り組む前に考える。付加価値に比べて、手間がかかりすぎると思ったら、上司に相談する。
9	休暇中、退社後には会社のメールを読まない。
10	社内の会議の時間は、長くても１時間。
11	昼食の時間はできるだけ短くする。（ドイツ人には、なるべく早く退社できるように、社員食堂で昼食を30分で終える人が多い）
12	健康を守るためには「義理」を欠き、社内の飲み会への参加は、最小限に留める。
13	国際学生機関の海外インターンシップ制度を使って、ドイツ人の働き方を現地で体験してみる。

第5章

過剰なサービスを減らして時短を実現

「お客様は神様」の過剰サービス

私は毎年1、2回、ドイツから日本へ出張するが、レストランやホテル、家電量販店、スーパーマーケットなどでの顧客対応の丁寧さや細かな気配りには、感動させられる。

私はさまざまな国を訪れてきたが、日本ほどサービス水準が高い国を他に知らない。知り合いのドイツ人も、「日本に行くたびにサービスのよさに感心する」という。

1961年に歌手の三波春夫が対談内で発言した「お客様は神様」という言葉が今も生きており、「日本は本当におもてなし大国だ」と感じ入る。

2008年のリーマンショック以降、店舗間競争が激しくなったせいか、さらにサービス水準が高まったような気がする。

都内のパン屋さんで買い物をしたら、パンを1つずつビニール袋に入れてから、大きな袋に入れてくれた。

雨が降っている日、洋菓子店でクッキーの詰め合わせを買うと、雨に濡れないように手提げ袋にビニールのカバーをかけてくれた。

客が要求しなくても、自動的にこうしたサービスをしてくれるのは、ドイツでは考えられない。ドイツ人だったら「過剰包装で資源の無駄遣いだ」と思うことだろう。日本を訪れるたびに「圧倒的な顧客優位」を感じる。まさに「お客様は神様」である。

ドイツ人のサービス期待度は低い

ドイツでは絶対的な顧客優位はなく、売り手と買い手の立場の差は、日本よりもはるかに小さい。

日本の店員のように丁寧な態度はあまり感じられないので、日本から来たばかりの人は、「ずいぶん態度が大きいなあ」と思うだろう。ドイツの店やレストランでは、接客態度の悪さに愕然《がくぜん》とすることが多い。

私も１９９０年にドイツに移住してまもなくの頃には、ショックを受けた。しかし、あれから27年経った今では、「ドイツは、良質なサービスは滅多にない〝サービス砂漠〟だ」と割り切っているので、接客態度の悪さに腹を立てることもない。

先日もミュンヘン市内のレストランで食事を終えた後、ウエイトレスから「空いた皿を手渡してくれ」と要求されたし、別のレストランでは会計時に100ユーロ札で払おうとしたら、「高額紙幣を使うな」と叱られた。

こんなことは日本では考えられないことだろうが、ドイツでは日常茶飯事であり、私は気にも留めない。

ドイツでパン屋や書店に行けば、店員の〝誇り高き態度〟に、すぐ気がつく。日本に長年住んでいたドイツ人の知り合いも、ドイツに戻ってからパン屋に行ったら、店員の態度の悪さに衝撃を受けたと語っていた。

ドイツではサービスは無料ではない。レストラン、タクシー、理髪店、クリーニング店、バスの添乗員、ホテルの荷物運びに至るまで、サービスの対価としてチップを払う。彼らは無料のサービスを期待していないのだ。

基本的にドイツ人は他人に依存せず、自分自身でやることを好む。ホテルに宿泊する時も、トランクなどをベルボーイに部屋まで運ばせず、自分で運ぶ人が多い。

それによってチップを節約できるとなれば、倹約家の多いドイツ人にとっては一石二鳥となるのだろう。

多少サービス水準が低くても、低価格を重視する傾向もある。

たとえば、バイエルン州東部のリゾート地バイリッシャー・ヴァルトに、宿泊客数に対する従業員数が少なく、チェックイン時にかなり待たされるホテルがある。ところが、このホテルの部屋は広く清潔で、食事も美味しく、宿泊料金が比較的安いので好評である。チェックインでかなり待たされてもリピーターが多い。こういうところにも、ドイツ人の合理主義が表れている。

サービスに「召使い」の意味合い

なぜドイツは、こうもサービス砂漠なのだろうか。これは彼らの個人主義と関係がある。

「和をもって貴《たっと》しとする」という日本に比べると、ドイツは個人主義、自分中心主義がとても強い国だ。そんなドイツ人にとって、サービスという言葉には、屈辱的な意味合いも含まれている。

サービスはドイツ語で「Dienst」または「Dienstleistung」という。Dienstという名詞は、「dienen」という動詞に由来するが、この言葉には「他人に仕える」という語感がある。

さらにdienenから派生した「Diener」という言葉は、「従者、召使い、下僕」という意味だ。

他人にdienenすること、つまりサービスを提供するということは、彼らの個人主義、自分中心主義と相反するわけだ。

日本は、個人が自己主張をぶつけ合うのではなく、他者の気持ちに配慮しながら物事を進める社会だ。他者や世間の目を気にしながら発言したり、他者に及ぼす影響を踏まえながら行動したりする。

「あの人は気が利く」とか「細かいことに気がつく」というのは、最高の誉め言葉の1つである。

日本人は子どもの頃から、そういった生活態度を教え込まれる。それがサービス水準の高さに結びついているのだと思う。

忖度《そんたく》が苦手なドイツ人

2017年に日本で有名になった「忖度」という言葉は、日本人のメンタリティーを象徴する言葉だ。空気を読むことが重要な社会では、常に他者を慮ることを求められる。

良質のサービスを提供するため、顧客の感情を推し量り忖度する。つまり相手の立場になって考えることが重要とされる。

「自分が顧客だったら何を望むだろうか」と想像しなくては、かゆいところに手の届くサービスはできない。

これに対してドイツは、こうした情緒よりも、理屈や規則、自己主張が重視される国柄である。そのような価値観や生活態度を子どもの頃から植え付けられている。

集団の調和や他者の感情への配慮よりも、考えを明確に、正直に言うことが重視されるのだ。

個人と個人が、自己主張をし合うことが基本となっているため、ドイツ人は他人への感情移入や、他人の都合に配慮すること、空気を読むことが、日本人に比べると苦手である。

自分の発言や行動が、他者の感情にどのような影響を及ぼすかは、あまり気にしない。日本人ほど他者や世間の目も重視しないため、顧客の立場に立って物事を考えるのが不得意ともいえる。

日本など他国で長年過ごしたため、他人の気持ちに配慮できるドイツ人もいるが、やはり少数派である。私が27年間ドイツ社会を観察してきたところによると、ドイツ人は日本人ほど忖度できないし、きめ細かいサービスは苦手である。

“低サービス社会”の利点

だが、サービスに対する期待度が低いということには、よい点もある。

日本のサービス業のように“高水準の無料サービス”を提供するには、人手も時間もかかる。客が高水準の無料サービスを期待しなければ、サービス業にも、労働時間を短くできる余地が生まれる。

ドイツ社会は、サービスに対する期待度をほどほどにすることによって、長時間労働を避け、なるべく多くの人がまとまった休暇を取れる環境を整えているともいえる。

日本でも近頃、「過剰なサービスを見直すことによって、長時間労働を防ぐべきではないか」という論調が見られる。たしかに、手厚いおもてなしやサービスが、従業員たちの過重労働によって支えられている面は否定できない。

日本には、24時間営業のコンビニエンスストアや飲食店、正月の三が日に営業している店もある。

ドイツで24時間営業しているのは、ガソリンスタンドの売店だけである。スーパーマーケットやデパートは、午後8時には閉店する。

駅・空港、ガソリンスタンドなどの例外を除けば、日曜・祝日に店は営業していないし、1年のうち最も重要な祝日であるクリスマス（12月25・26日）には、どこも営業していない。

これも慣れてしまえば、不便は感じない。サラリーマンも帰宅が早いので、夜遅くまで営業していなくても仕事を終えてから買い物をするには支障がない。

日本のサービス水準やおもてなしは、世界に誇るべき美徳だと思うし、それをわざわざドイツ並みに引き下げる必要はない。

だが、過剰と思われるサービスを節約して、従業員の労働時間を少しでも短くしたり、多くの人が休暇を取れるようにしたりする努力が、今後の日本ではより必要とされるのではないだろうか。

24時間営業のコンビニやファミレスは、本当に必要なのか。宅配便の時間指定配達を夜間まで細かく指定する必要があるのか。

パン屋さんではパンを1つずつビニール袋に入れなくてはいけないのか。クッキーやせんべいの詰め合わせを買った客の手提げ袋に、「ご贈答用」の手提げ袋をもう1つ入れることは細かい心遣いではあるが、本当に必要なのか。

過剰なサービスをやめることも、労働時間の短縮と資源の節約につながると思う。

下請けではないドイツの中小企業

本章のこれまでの話は企業・消費者間商取引（B to C）でのことだったが、同じことが企業間商取引（B to B）にもいえる。

日本には「下請け」という言葉があり、大手メーカーに部品を納品する中小企業などが、そう呼ばれる。

ドイツでは、取引関係からすれば下請けであっても、その企業自身に「下請け」というへりくだった認識はない。相手が大手であっても、取引先として同じ目線で仕事をしている。

ドイツ中規模企業研究所は、従業員数が500人未満で年間売上高5000万ユーロ（60億円）未満の企業を「小規模もしくは中規模企業」と定義している。

ただし、ドイツ語で中小企業を意味する「ミッテルシュタント」という言葉には、これよりも従業員数や年商が多い企業も含まれる。

ドイツのミッテルシュタントには、消費者やメディアには名前を知られていなくても、特殊な機械や部品などのニッチ市場では、50％以上のシェアを持つ企業が多い。こうしたミッテルシュタントは「隠れたチャンピオン」とも呼ばれている。

ドイツの中小企業は、日本の中小企業に比べると国際的なマーケティング力が強い。国外の見本市やインターネット取引などを通じて、国際市場にどんどん進出しており、それにより国内メーカーへの依存度が低くなることもあって、下請けという認識もなくなるわけだ。

ミッテルシュタントは、高い技術力やイノベーション力を誇る〝ドイツ経済の屋台骨〟であることを自負している。

特に半製品や特殊部品などニッチ分野に強く、歯車、小型モーター、コネクター、パッキングなど、他企業が必要とする部品に特化する企業が多い。

ドイツの「小規模もしくは中規模企業」の数（２０１３年）は、３６２万社（ドイツ中規模企業研究所調べ）。これはドイツの全企業数の99・６％を占め、その従業員数は計1614万人と全雇用者数の59・2％に相当する。

「小規模もしくは中規模企業」の売上高は2兆1600億ユーロ（259兆2000億円）で、全ドイツ企業の売上高の35・5％、付加価値（収益）は55・5％を占める（2013年）。

2013年に機械工などになるため、ドイツ企業で見習い社員や研修生として働いていた若者の85・2％は、「小規模もしくは中規模企業」で働いていた。

「小規模もしくは中規模企業」を含むミッテルシュタントは、規模は小さくても、ドイツ経済で非常に重要な地位にあることがわかる。

ミッテルシュタントは研究開発に多額の費用を注ぎ込み、特許の取得にも熱心である。「他社が真似できない製品」を提供する差別化戦略によって、低価格競争に巻き込まれることを防いでいる。

収益性が高い製品に特化しているからこそ、「小規模もしくは中規模企業」の年商がドイツ企業全体の35・5％であるのに対し、付加価値（収益）はドイツ企業全体の55・5％となっているのである。

政治家にとっても、ミッテルシュタントは「票田」として無視できない存在だ。大半の政治家が選挙戦期間中にミッテルシュタントを支援することを強調する。ミッテルシュタントの技術開発プロジェクトに対する低利融資などを通じて、ドイツ政府は中小企業の振興に力を入れている。ドイツの中小企業支援は、欧州の他の国々を大きく上回る。

市場に翻弄されず、わが道を行く

中世からのマイスター（高等職業能力資格認定）制度が象徴するように、高い技術力はドイツの伝統である。また、その技術力の高さは、比較的几帳面な国民性にも由来する。

ドイツには「トュフトラー」（Tüftler＝細かい手作業が得意で、創意工夫によって新製品や技術を発明する人）という言葉がある。

この言葉に象徴されるように、ドイツの技術者には、高性能や高効率を追求する完全主義や職人気質（クラフツマンシップ）が受け継がれている。

ドイツの南西部、バーデン・ヴュルテンベルク州の一部と南部のバイエルン州にまたがる「シュヴァーベン」と呼ばれる地域には、ダイムラーやポルシェ、自動車部品メーカーのボッシュなどの大手メーカー、クラフツマンシップを重視するミッテルシュタントが多い。

自動車用小型ガソリンエンジンや点火プラグ、飛行船、消防車用のはしご、小型の電動ドリル、石の壁にネジを打ち込む際のネジ受け（デューベル）などを発明したトゥフトラーたちは、このシュヴァーベン出身である。

プロテスタント教会で「敬虔《けいけん》派」と呼ばれる人々が多いこの地域では、特に勤勉と倹約の精神が重んじられてきた。中世以来、冬の農閑期にも時間を無駄にせず、鳩時計などを作る手工業を家計の足しにしてきた。

勤勉を重んじ、効率性を追求する人生哲学が、トゥフトラーや完全主義志向のエンジニアたちを生んだのだ。

これらのミッテルシュタントの部品は高品質で、他社の部品で代替することが難しいため、入手できないと製造活動に悪影響が出ることになる。したがって、安い値段で買い叩かれることは少ない。

人件費が高いドイツでは、付加価値が高い製品、言い換えれば値段が高い製品に特化しないと、生き残ることが難しい。

そのためドイツの中小企業では、「市場に翻弄されず、わが道を行く」という独立独歩の精神が強い。市場の流れに逆行することはできないが、それでも自社の戦略や原則を大事にしようとする。

この精神は、製造業だけではなく、サービス業から小売店に至るまで、すべての「売る側」に共通している。

重要な取引先の頼みでも断る!?

売り手と買い手の関係にも、ドイツ人特有の効率第一主義が反映される。「費用対効果」の分析が日本以上に徹底している。

日本では顧客との良好な関係を維持するために、さまざまなサービスを無料で提供することが少なくない。しかし、ドイツでは費用対効果を度外視してまで無料のサービスを提供することはない。

どれくらいの費用と人材の投入が必要かを概算し、費用対効果が見込めないと判断した場合、「このサービスを行うには費用と時間がかかりすぎるので、ご希望には沿えません」と、相手が重要な取引先であっても断ることもある。

また、ある営業担当者が取引先から急な依頼を受けたとする。その依頼に対応するには、担当部署の社員が残業しなければならないとする。

ここで依頼を断ったら取引先との関係性が悪化するかもしれないし、無理を承知で頼みごとをしてきた取引先の依頼に応えることで「貸し」ができる。

日本企業ならば、「大切な取引先だから何とか頼む」と社内で押し通し、他部署の社員が残業して対応するのが普通だろう。

これに対しドイツ企業では、いくら重要な取引先からの依頼とはいえ、他の社員に残業を強いるような仕事は断るのが当たり前だ。

法治社会のドイツでは、法律と規則を守るということが、あらゆる企業活動で優先される。

「1日10時間を超える労働は禁止」という法律の規定を破ることは、いかなる状況であっても許されないのだ。

論理より情緒的な関係性を重視する日本人には、ドイツ人の態度は〝柔軟性に欠ける〟と映るだろう。

しかし、ドイツでは、労働生産性の低下を防ぎ、労働時間の上限規制を守ることが、重視される。

1日10時間に限られる労働時間を効率的に使わなくてはならないドイツ人は、そのことを常に念頭に置いて仕事をしているのだ。

顧客もまた自社で常に費用対効果を考えて仕事をしているので、サービスを受けられないことに不満を抱いたとしても、結局は理解を示すことが多い。

第6章

日本でも働き方の意識改革が必要だ

性悪説のドイツ、性善説の日本

2017年3月に経団連と連合が合意した日本での残業時間の上限規制は、労働者を過労死や過労自殺から守るという点では、実効性に欠ける。

日本では、労働者より使用者の都合が優先されている。今回の合意でも、「過度な規制のために業績に支障が出てはならない」という企業の論理が優先されたのだ。

結果として、労働者の権利が二の次にされてしまった。

繁忙期には月100時間未満の残業が認められ、月99時間の残業ならば問題にならない。

さらに年720時間以内（月平均60時間）や、月45時間超（年6回まで）の残業には、休日労働が含まれない。運送業と建設業については、人手不足という理由で、上限規制の適用に5年間の猶予が設けられている。

経営者団体である経団連は、労働組合側の連合との交渉で、「残業の上限規制によって日本経済の競争力が低下したら元も子もない」と主張したのだろう。

結局は、労働者の健康や自由時間より、使用者側の都合を優先した格好に落ち着いてしまった。

あるドイツ人の知り合いにこの内容を話したところ、「月１００時間まで残業をさせられるというのは、労働者にとっては信じられないほど過酷な条件だ。これで改革といえるのか？」と驚いていた。

物事を悲観的に捉える傾向が強いドイツ人は、労働条件などの問題について「性悪説」に基づいて考える。法律に抜け穴があれば、企業は必ずそれを利用して労働条件を悪くすると考えるのだ。

連合は、「月１００時間未満というのは、あくまでも繁忙期の特例。年間７２０時間（月60時間）の上限をかいくぐるために、休日労働を悪用することはない」という経団連の説得を受け入れたようだが、これは「まさか企業が特例を悪用することはないだろう」という「性善説」に基づく態度といえる。

「過労死せよ」と言っているようなもの

２０１７年2月、経産省や経団連が毎月最終金曜日に午後3時退社を奨励する「プレミアムフライデー」を始めた。強制力はなく、あくまでも任意参加のキャンペーンである。

開始当初こそ、マスコミの報道も手伝って話題になったが、その後はパッとしない。「業務が増える月末に午後3時退社なんて無理」という声も聞く。

結局のところ、飲食店やスーパーなどで個人消費の拡大が期待されたものの、効果は限定的のようだ。

やはり、思い切った強制力がないと、日本人は余暇を楽しもうとしない。

すると、政府は次に「キッズウイーク」なるものを打ち出してきた。全国の小中高校を対象に、夏休みなど長期休暇を短縮し、別の時期にずらして、親と一緒に休んでもらう施策だという。

公立校は義務化、私立校には協力を求め、2018年4月からのスタートを目指すそうだが、「小学生はまだしも、中学生や高校生が親と一緒に旅行なんてしない」「結局、塾通いすることになる」「独身者は何の恩恵も受けないから不公平」などという声が早くも上がっている。

2016年末に高橋まつりさんの過労自殺の労災認定について、メディアが大きく報じたことがきっかけとなって、「ようやく日本でも本格的な働き方改革が始まるかもしれない」と一瞬思った。

しかし、鳴り物入りで始まった働き方改革に、またもや長時間残業を可能にする抜け穴が作られてしまった。改革が骨抜きにされ、「大山鳴動《たいざんめいどう》して鼠一匹」になったことは、非常に残念である。

高橋まつりさんの母親、幸美さんも労使合意の内容を強く批判しており、繁忙期に月100時間未満の残業を認める点については特に反対している。

幸美さんは2017年3月に「これでは過労死させせよ！　と言っているようなもので、何も変わらないのではないかと危惧します。労災保険を支払われても、死んだ人は戻ってこない」という声明を発表している。

〝過労死大国〟という汚名を返上するには、連合は性悪説に基づいて経団連との交渉に臨み、抜け穴をふさぐべきだった。

自由時間についての共通理解

高橋まつりさんの悲惨な死が大きな関心を集めたにもかかわらず、肝心の改革が骨抜きになっているのはなぜだろうか。

それは日本社会全体で、働き方に対する前近代的な固定観念が拭えていないことが大きいのではないか。

ドイツでは「まとまった休暇を取ることは労働者の権利であり、1日10時間を超える労働は禁止されている」という社会全体の共通理解（合意）ができあがっている。この枠内で業績を最大化するための企業競争が展開され、ドイツ経済は実績を挙げているわけだ。

36協定によって労働基準法を事実上骨抜きにしている日本とは、競争の前提が大きく異なる。

日本でも、1日8時間働いたら定時退社したり長期休暇を取ったりすることが、当たり前の労働者の姿であることを、社会全体の共通理解としていかなくてはならない。毎日定時退社しても、成果を出していれば高く評価する。長期休暇を取っても、上司や同僚に負い目を感じない。担当者が長期休暇中でも、代理の同僚がきちんと対応すれば問題が生じない。

こうした共通理解を育んで、働き方に対する前近代的な固定観念を拭っていかなくてはいけないのだ。

　そのためには、企業社会のみならず、顧客を含む日本社会全体が定時退社や長期休暇に理解を示さなくてはいけない。日本は欧米に比べて「顧客優先主義」が強いので、特に取引先の理解なしに実現は難しい。

ストライキが増えるドイツ、激減する日本

　私は残業時間の上限規制の労使合意の内容を読んで、「日本では企業の力のほうが労働組合に比べてはるかに強大だ」と感じた。

　日本とドイツの労働組合の組織率は、たいして違わない。組織率はドイツ20・6％、日本17・4％と、３・2ポイントの違いしかない（２０１2年ドイツ経済研究所調べ）。

　しかし、ドイツの労働組合の力は、日本に比べて強大である。ドイツでは航空会社や航空管制官、地下鉄、郵便会社などの労働組合が時々ストライキを起こすが、日本では聞かない。

　ドイツで２００６～15年に、ストライキによって1年間に失われた平均労働日数は、労働者１０００人当たり7日だった。２００５～14年は同4日だったので、ドイツでは徐々にストライキが増えていることになる（ドイツ経済研究所調べ）。

特にドイツの航空会社ルフトハンザでは、パイロットや客室乗務員によるストライキで、運航ダイヤが大幅に乱れることがある。

かつて私はルフトハンザを利用していたのだが、講演や出版社との打ち合わせのために東京へ出張する際、最近は全日空を利用している。ストライキによって欠航になり、講演や打ち合わせに穴をあけるわけにはいかないからだ。

ちなみにヨーロッパでストライキが最も多い国はデンマークで、1年間に失われた平均労働日数は労働者1000人当たり120日、2位のフランスは同117日となっている。

日本は、ストライキが世界で最も少ない国の1つである。1974年にはストライキが9000件を超えていたが、2011年は57件と激減している（厚労省調べ）。2006～15年で、日本でストライキによって失われた労働日数は、労働者1000人当たり「ゼロ」となっている（ドイツ経済研究所調べ）。

NHK放送文化研究所の「日本人の意識」という調査によると、「職場で賃金や労働時間などの条件に強い不満が起きたらどうしますか」という設問に対し、「労組を作って活動する」と答えた人は、1973年は31・5％だったが、40年後の2013年には16・5％とほぼ半減。「条件はよくなると思うから、しばらく事態を見守る」と答えた人は、1973年には37・2％だったが、2013年には51・5％と大幅に増加。いずれも、労働組合への期待度が年々低下していることがわかる。

経営の中枢に入り込む労働組合

ドイツの労働組合は、法律によって日本の組合よりも強大な権限を与えられている。ドイツ企業では取締役会を監督するため、「監査役会」（アウフズィヒツラート）が組織されるが、大企業では、この監査役会に労働組合の代表を参加させることが「共同決定法」で義務付けられているのだ。

監査役会は、ドイツ企業で最も重要な意思決定機関である。

従業員数500人超〜2000人未満の企業では、監査役会のメンバーの3分の1、同2000人を超える企業では、監査役会の半数が労働組合の代表で占められなければならない。

つまり、ドイツでは労働組合の代表が、経営者の〝お目付け役〟になることを法律によって認めているわけだ。これにより、労働条件の変更や大規模なリストラなど、労働者にとって重要な経営環境の変化について、迅速に情報を得たり、交渉したりすることができる。

ドイツの労働組合は、リストラによって仕事を失う社員、長時間残業を強いられる社員、上司のパワーハラスメントに悩む社員などにとって〝駆け込み寺〟となっている。問題が解決しない場合、労働組合は労働事件に関する紛争を扱う「労働裁判所」に問題を持ち込む。

そうなると社内トラブルがメディアの目に届きやすくなり、企業イメージが悪化するリスクがあるため、経営側はいい加減な対応をすることができない。

このようにドイツの労働組合は強力な存在であり、日本の労働組合とは大きく異なっている。

日本の労使合意が骨抜きにされたのは、この国の労働組合が弱体化しているからだ。

メディアの関心が低いワケ

日本のメディアは、高橋まつりさんの過労自殺を一時大きく取り上げたが、「働き方改革実行計画」に盛り込まれた残業の上限規制の不備を鋭く追及した報道は少ない。

特に労使合意の後、報道量が急減した。

新聞やテレビなどのメディア業界では、今も長時間残業が当たり前の状態なので、この問題への関心度が低いように思う。

ドイツのメディア関係者の目には、「日本のメディア業界には、破滅型の人が多い」と映る。私自身、NHKで働いていた頃は破滅型だった。脇目もふらず、馬車馬のように働いていた。

特ダネをつかむ醍醐味を一度味わってしまうと、他のことは忘れて記者稼業にのめり込んでしまう。メディアの仕事には、麻薬のような依存性をともなう危ない一面がある。

こんな状態のメディア業界では、残業時間の上限規制と言われてもピンとこない人が多いのではないか。

理屈の上では重要な問題だと認識していても、心のどこかで「残業時間の削減などできるわけがない」と感じている人も少なくないだろう。

働き方改革実行計画の内容を詳しくフォローした報道が少なくなっているのは、こうした事情が背景にあると思う。

私がＮＨＫ時代、一緒に番組を作ったディレクターや同期入社の記者の中には、身体を壊したり若くして病死したりした者が数人いる。彼らの病気や死は、公式には労働災害（過労死）となっていないが、長時間残業で健康を害したことは事実である。

取材や番組制作といったクリエイティブな作業は面白い部分もあり、やりがいも感じられるので、長時間労働や健康に配慮せず、仕事に突き進んでしまいがちだ。

しかし、記者やディレクターも、生身の人間である。心身ともにきちんと休まないと、良質の仕事を継続できないし、いずれ大きな病気に発展する危険もある。

大迷惑のストライキ

１９８０年代後半のこと、私は『ＮＨＫスペシャル』の制作に参加した。3ヶ月にわたるアメリカでの取材後、帰国して編集作業にあたった。そんな時、ＮＨＫの日本放送労働組合がストライキに突入した。

ストライキといっても、労働そのものを拒否するのではなく、時間外労働を拒否する戦法だった。そのため、東京・渋谷のＮＨＫ放送センターで夜間の編集作業ができなくなってしまった。

夜間の残業なしに、番組を完成させることはできない。「ストライキのために番組は放映できません」と視聴者に謝るわけにはいかないのだ。

そこで私たち制作スタッフは、密かに新宿のホテルの一室へ編集機材を運び込み、徹夜で編集作業を続けた。いわば、〝スト破り〟である。

番組は、作り手にとってわが子のように可愛い。番組を完成させるまでは、家族との時間も自分の健康も目に入らない。いわんや、労働組合の時間外拒否闘争など眼中にない。

私たちにとってはストライキによる労働者の連帯より、番組を完成させることのほうが重要だった。ドキュメンタリー番組の最高峰『ＮＨＫスペシャル』で放映されるとなれば、なおさらだ。

タバコの煙が立ち込めるホテルの狭い客室で、連日10人以上の男たちが番組の構成について議論し、モニターを見つめ、ビデオテープを編集した。

普段でも悪い労働条件が、さらに悪化。皆、目は血走り、顔色はドス黒い。

徹夜とタバコの煙が大嫌いな私は、ストライキを心から呪った。ストライキによって労働者の負担がさらに大きくなるのでは、労働組合への信頼度は一段と低下するとも思った。

結局、私たちの犠牲的精神により、番組は無事に放映された。しかし、この編集作業に携わったディレクターのうち、すでに2人が他界している。

余裕があってこそ良質な仕事ができる

私はNHKの記者だった当時、こうした労働条件について疑問を抱かなかった。しかし、今になって考えてみると、NHKの近くの「渋谷東武ホテル」が常宿と化し、番組制作のために毎晩のように徹夜で働いていたのは、やはりおかしなことだ。

取材に3ヶ月を費やすのであれば、編集作業には最低1ヶ月はかけるべきであり、100本のビデオテープを約50分の番組に編集する作業を、2週間で終えるのは無理がある。

クリエイティブな編集作業は、肉体的にも精神的にもギリギリの状態ではなく、もっと余裕のある状態で行うべきだった。

それでも『NHKスペシャル』が高く評価されているのは、記者やディレクターたちが骨身を削って番組の完成度を高めていることを示している。

私は1990年にNHKを退職しているので、それ以降の勤務実態は知らないが、労働条件が改善されていることを願う。

ここでかつての体験談を紹介したのは、1980年代にメディアで長時間労働が当たり前になっていた事実を知ってもらうためだ。

もしもこのような状況が今日も続いていたら、記者やディレクターにとっては、働き方改革についての報道に力が入らないのではないかとの懸念からである。

「健康第一」は当たり前なのか?

働く目的は人それぞれだろうが、皆に共通する最大の目的は、生活の糧を得ることだろう。だが、長時間労働で健康を損なえば、それさえもできなくなる。働くことは、あくまでも「手段」であることを忘れてはならない。

仕事においても人生全般においても、健康第一である。

「健康第一なんて当たり前のことを言うな」と思う人もいるだろう。だが、働きすぎて心身のバランスを崩す人が後を絶たない日本では、その「当たり前」がおろそかにされているのだ。

「木を見て森を見ず」という諺《ことわざ》がある。物事の一部や細部ばかりに気を取られて、全体を見失うことを意味する。

日本人は製品やサービスの水準を高めるという細部（木）にこだわるあまり、健康的で幸せな生活を送るという労働の本来の目的（森）を見失っているのではないか。

1ヶ月の残業が80時間を超えたら、もはや心身のバランスが崩れても不思議ではない。高橋まつりさんがツイッターに残した記述には、厳しい上司の恫喝による心理的圧力と、少ない睡眠時間によって追い詰められていく状況が浮き彫りになっている。

上司から「おまえの残業時間は、会社の役に立っていない」と叱責されたら、落ち込むだろう。長時間残業のため、高橋さんは精神的に追い詰められ、健康的な心の余裕を保てなくなっていったのだ。

"木を見ず森を見る"ドイツ人

もちろん、ドイツ人も細部にこだわらないわけではない。特にドイツ人技術者の細部へのこだわりは、日本人技術者と共通する部分がある。

しかし、日本人と大きく異なるのは、健康的で幸せな生活を送るという労働の本来の目的を見失っていないところだ。彼らはそのために、仕事の効率性を念頭に置く。自分の健康を危険にさらしてまで、残業しようとはしない。

再三指摘しているように、１日10時間を超えて働くと法律違反になるし、同じ結果を得るならば「仕事に費やす時間と費用は少ないほどよい」という前提が常識となっている。

ドイツ語に「頑張る」という単語がないことを思い出してほしい。

ドイツで仕事ができる人、特に管理職に抜擢される人は、どうすれば最小限の労力で目的を達成できるかについて、常に最大の注意を払う。

「ＴｏＤｏリスト」を用いて仕事を取捨選択し、重要度が低い仕事は後回しにしたり、時には無視したりして、限られた時間を最も重要な仕事に費やす。

つまりドイツ人は、原則として〝木を見ず森を見る〟という気質なのだ。「健康で幸せな生活を送りながら、きちんと仕事で成果を出す」という全体像（森）を常に念頭に置き、細部（木）はあえて見ない。

こうした発想は労働生産性を高め、過労死や過労自殺の防止にもつながっている。

〝義理欠き〟のススメ

ドイツ人は個人主義が強いので、基本的に他人の都合より自分の都合を優先する。ドイツ人にとって〝木を見ず森を見る〟という働き方は、性に合っているともいえる。自分にとって重要度が低い仕事は、あえて後回しにしたり、無視したりするが、そのことで他人から白い目で見られても、あまり気にすることはない。

たとえば、日本では〝飲みニケーション〟（「酒を飲む」と「コミュニケーション」の合成語）によって、会社の飲み会はなかば業務の一環であるかのような強制力をともなう。そのため、気が進まないのに参加するケースも多い。

その点、ドイツ人は上司や同僚との〝飲みニケーション〟より、家族とのコミュニケーションを重視するのが当然であり、都合が悪ければ飲み会を堂々と辞退する。

日本でも仕事と生活の調和をしようと「ワーク・ライフ・バランス」が叫ばれているが、そのためには〝あえて義理を欠く〟ことを恐れてはならない。

大半の日本人にとって、重要なことを優先するために、重要度の低いことを切り捨てるのは、義理を欠くこともあって勇気がいる。しかし、ワーク・ライフ・バランスを充実させるためには、ある程度の割り切りは必要である。

木を見ず森を見て脱原発を即時断行

〝木を見ず森を見る〟というドイツ人気質が表れているのは、働き方だけではない。

２０１１年3月11日に発生した東日本大震災による福島第一原子力発電所事故の直後、ドイツ政府が２０２２年末までに脱原発を決めたのも、〝木を見ず森を見る〟という考え方の表れだ。

ドイツ人にとって電力は、あくまでも生活の手段（木）であり目的（森）ではない。目的は、生命と健康を守ることにある。

第二次世界大戦中、ナチス・ドイツはユダヤ人や外国人、政府に反対する自国民の生命と健康、人権を踏みにじった。

過去２０００年の世界史には、多数の虐殺事件があったが、工場のような施設を作って、流れ作業のように数百万人を虐殺したのはドイツ人だけだ。

ドイツは戦後、この未曽有の犯罪に対する反省から、生命、健康、人権を非常に重視する国になった。

そのためドイツ政府は、2022年末までに原発を廃止し、2050年までに、電力消費量の中に再生可能エネルギーが占める比率を、80％に引き上げることを決めた。再生可能エネルギーは、国民を危険にさらす可能性が原子力よりも低いからだ。

しかも、福島原発事故からわずか4ヶ月で脱原発を法制化した。

ドイツで東日本大震災のような巨大津波に襲われる可能性は低いため、原子力の専門家たちが「福島原発事故をきっかけとして原発をすべて停止する理由はない」と伝えていたにもかかわらず、ドイツ政府は英断を下したのだ。

日本政府が、短期間でこれほど大胆な決断を下すことは考えられない。コスト計算や根回しなど細部にこだわるあまり、いつになっても話が先に進まない状態になりかねない。

何につけても〝木を見ず森を見る〟ドイツは、脱原発に関する詳細なコスト計算という細部（木）をあえて捨象し、国民の生命と健康へのリスクが少ないエネルギー源を選ぶという全体像（森）を重視した。

ドイツでは今、再生可能エネルギー拡大のためのコストが「賦課金」として国民や企業の肩に重くのしかかっている。それでも過半数の国民が、脱原発の決断は正しいかったと評価している。

日本の経産省によると、福島原発事故の廃炉・賠償費用の総額は、当初の予想を大幅に上回り、21・5兆円に達する見通しだ。それでも日本政府は原発再稼働による電力の安定供給を、国民の健康と安全に及ぼすリスクより優先させている。

日本でも健康と安全を最優先にせよ

安全と健康についての日独の対応の違いは、労働時間についても表れている。

日本企業にとっては、労働時間を1日10時間以内に制限したり、毎年最低24日間の有給休暇を取らせたりすることを義務付ける法律はないほうが、企業活動のためには都合がいい。

だがドイツでは、企業活動より労働者の健康と安全に高い優先順位を与えている。

日本で働き方改革を成功させるには、国民の健康と安全を優先するという社会的な合意を作り上げ、意識改革をすることが先決だ。

日本がドイツのような契約社会ではなく、信頼関係を重視する社会だからこそ、働き方に対する意識改革なしには、本格的に残業時間を減らすことは難しい。

法律を適切に改正することも大事だが、それとともに社会全体の意識改革が必要なのである。

天皇陛下訪独にみる対応の違い

1993年、天皇皇后両陛下が国際親善のためドイツを訪れたことがある。ボン、デュッセルドルフ、ベルリン、ワイマール、ミュンヘンなどを訪問した。

ドイツ外務省の儀典《ぎてん》担当官だった私の知り合いは、日本大使館の儀典担当官と天皇皇后両陛下の歓迎式典の段取りについて打ち合わせをした際のことを、こう振り返っている。

「天皇皇后両陛下がドイツに到着してからの予定表を、日本側が分刻みで作成していたことに驚いた。到着が遅れたり突発的な事態が起こったりすれば、すべての予定がずれ込むのだから、そこまで細かい予定を作る意味があるのだろうかと思った」

日本人の私にとって、日本側の対応に違和感はなかった。小学生の頃から、分刻みで作られた運動会の予定表などに慣れているからだ。特に天皇皇后両陛下の訪独ともなれば、一段と詳細な予定表を作ろうとすることは正しいことのように思われた。

日本大使館の儀典担当官にとってみれば、分刻みの予定表を組むことで、「自分はこんなに詳細に準備を整えている」と上司や同僚に対して示せるだろう。だが、ドイツ人にとってみれば「現実にはそれほど意味がなく、捨象できる仕事」と映る。これも働き方に関する日本とドイツの違いが表れているエピソードである。

勇気を持って悪循環を絶とう

日本社会では「頑張り」や「粘り強さ」が賞賛される傾向が、いまなお根強い。これも、日本で過労死や過労自殺が大幅に減らない原因の1つだが、もはやこうした精神主義とは決別すべきだろう。

過労死や過労自殺を減らすためには、自分自身の限界を知ることが重要だ。

私がNHKで働いていた時、あるディレクターが「本来は2週間かかる作業を、上司から1週間でやれと言われた。最初は絶対に無理だと思ったのだが、徹夜して1週間でやってしまった。すると、やればできるじゃないかということになって、上司の要求がどんどんきつくなった」とボヤいていたことがあった。

上司に無理難題を押し付けられても、その期待に応えるために無理を押してもやり遂げる。「無理です、できません」とは言えない。すると、他の社員にも「○○さんができたんだから、おまえだってできるはず」と、同様の無理難題を押し付けるという悪循環が生まれる

私はアメリカとドイツをテーマにした『NHKスペシャル』の取材を、4回担当したことがある。初めの2本については、アメリカで3ヶ月にわたり取材し、成田国際空港に到着した日は、自宅に帰って身体を休めた。

しかし3本目については、成田からその足で東京・渋谷のNHK放送センターへ向かい、編集作業を行った。長時間労働に慣れていた私も、「これはやりすぎではないか」と感じ、「こんなことをしていたら、後輩たちにとってもよくない。海外取材から帰ってきたら、その足で会社に行くのが当たり前になってしまう」と思った。

約10時間のフライトの後、時差ボケが生じた頭で編集作業を行っても、よい仕事ができるわけもない。

ドイツ人は、仕事量が自分の肉体・精神的な限界を超えそうだと思ったら、そのことを上司や同僚に伝える。

管理職は部下に保護義務を負っていることもあり、受け入れざるを得ない。

自分にも他人にも優しくなれる言葉

私はドイツである有益な言葉を学んだ。

ドイツにティロ・ザラツィンという右派の評論家がいる。彼はドイツ連邦銀行の理事だったが、イスラム教徒の移民についての著作『ドイツは自らを廃止する』が、専門書にもかかわらずミリオンセラーとなり、大きな話題となった。

ザラツィンはメディアの寵児となり、テレビのトークショーや新聞のインタビューに引っ張りだこになったが、あるテレビ番組で「ユダヤ人は人種だ」という〝失言〟をした。

ユダヤ人は人種ではなく、宗教共同体である。親がユダヤ人でなくても、勉強をしてユダヤ教の「ラビ」（導師）の試験に合格し、決まった儀式を行えば、ユダヤ人になることができる。私は、このようにしてユダヤ人になった日本人を知っている。

ザラツィンは売れっ子になって、さまざまなメディアに登場しているうちに疲労し、失言をしてしまったのだ。

ザラツィンは、こう弁解した。「Jeder hat seine Leistungsgrenze. Ich habe meine erreicht.（誰にも、できることの限界がある。私はこの限界に達したのだ）」。

人間には肉体・精神的な限界があり、そうした限界に達したがゆえに失言してしまったというのだ。

私はザラツィンの思想に共鳴する者ではない。しかし、この言葉はドイツ人的な論理性を秘めた、よい言葉だと思った。

仕事で失敗をした時や、「仕事が多すぎてこれ以上はできない」ということを説明する時に、使える言葉だからだ。

誰だって仕事でミスを犯してしまい、自己嫌悪に陥ることがあるだろう。私もそうだ。そんな時、この言葉で自分を慰めることができる。

肉体・精神的な限界があるのだから、失敗してもくよくよすることはない。他人のミスに対しても寛容になれる。

私はメールを送信しても返信がなかったりすると、「相手は肉体・精神的に、物事を処理できる能力の限界に達しているのだ」と思うことにしている。

こう考えれば、腹も立たない。

おわりに

日本で働き方改革の話をすると、「ドイツと日本では文化が違うから、ドイツ並みのバカンス（長期休暇）や定時退社なんて無理」とか「仕事に生きがいを感じている人も多いのだから、無理に残業を減らす必要はないだろう」という声が上がる。

ドイツと日本の「働き方」に関する文化に違いがあるのは事実だ。また、私は文章を書くことが好きなので、物書きという仕事に生きがいを感じている。

だが、電通の新入社員、高橋まつりさんが過労自殺したように、悲惨なケースが後を絶たない日本の現状を放置するわけにはいかない。

文化の違いで、すべてを片付けてしまってはいけない。日本企業、日本経済にとっても、労働生産性の引き上げは重要な課題なのである。

ドイツの先進事例を１００％コピーする必要はない。しかし、費やす労力と時間を減らし、いま以上に労働生産性に配慮することは、日本にとって有益なことであり、今日からでも始められることだ。

そして定時退社したり、まとめて2～3週間の休暇を取ったりしても、上司や同僚、取引先から白い目で見られない労働環境を実現するため、国民的合意を形成することが何より重要である。

さもなければ、いくら日本政府が音頭を取って働き方改革を推し進めても、画餅《がべい》に帰《き》す。

「メメント・モリ」というラテン語の言葉がある。「自分がいつか必ず死ぬことを忘れるな」という意味である。ドイツを含むヨーロッパ市民の間には、この言葉を念頭に置いて生活している人が多い。

人生は、一度しかない。これは国籍や文化を問わず、誰にでもあてはまる真実だ。

私の知り合いのドイツ人は、こう言う。

「自分はいつ死ぬか、わからない。年を取ったら病気になる可能性が高まる。そう考えると、年を取ってからではなく、20～30代にまとまった休暇を取って、旅行をするなどして人生を楽しんでおくべきだ」

大半のドイツ人は、こうした生き方を実践して人生を楽しんでいる。

労働時間が短くても、ドイツ経済は好調に推移している。日本経済は労働時間が長いのに、ドイツほど好調ではない。

日本人も定時退社したり長期休暇を取ったりして、人生を楽しむべきではないだろうか。上手にリフレッシュすれば、必ずや仕事との好循環も生まれる。残業が多くてまとまった休みも取れない現状は、悪循環を生んでいるともいえる。

すべての人に、人生を楽しむ権利がある。仕事だけではなく、自分や家族のために時間を使うことは、悪ではない。

その方向に社会全体の意識を改革することは、日本の労働生産性を引き上げるだけではなく、高橋まつりさんのような犠牲者を減らすことにつながる。

この本を世に出すにあたり、多くの方の助力をいただいた。特にＳＢクリエイティブで編集を担当してくださった斎藤順氏に、御礼を申し上げたい。

２０１７年８月　ミュンヘンにて

熊谷 徹

参考ウエブサイト

ＯＥＣＤ　http://stats.oecd.org/
ドイツ連邦統計局
https://www.destatis.de/DE/Startseite.html?nsc=true&https=1&___site=
欧州連合統計局　http://ec.europa.eu/eurostat
ドイツ連邦経済エネルギー省
http://www.bmwi.de/Navigation/DE/Home/home.html
ドイツ連邦財務省
http://www.bundesfinanzministerium.de/Web/DE/Home/home.html
ドイツ連邦労働社会福祉省　http://www.bmas.de/DE/Startseite/start.html
バイエルン州教育省　https://www.km.bayern.de/
ドイツ産業連盟　http://bdi.eu/

国際通貨基金　http://www.imf.org/external/index.htm
国際労働機関　http://www.ilo.org/global/lang--en/index.htm
世界銀行　http://www.worldbank.org/
ドイツ中規模企業研究所　http://www.ifm-bonn.org/
ドイツ経済研究所（ＩＷ）　https://www.iwkoeln.de/
ｉｆｏ経済研究所　https://www.cesifo-group.de/de/ifoHome.html
ドイツ全金属労組（ＩＧメタル）　https://www.igmetall.de/
ドイツ労働組合連盟　http://www.dgb.de/
中規模企業連邦連合会　https://www.bvmw.de/home.html
フォルクスワーゲン　https://www.volkswagenag.com/de.html
エクスペディア・ジャパン　https://welove.expedia.co.jp/press/23513/
ウィキペディア　https://de.wikipedia.org/wiki/Wikipedia:Hauptseite
経済産業省　http://www.meti.go.jp/
厚生労働省　http://www.mhlw.go.jp/
日本労働組合総連合会　https://www.jtuc-rengo.or.jp/

日本経済団体連合会　http://www.keidanren.or.jp/
日本生産性本部　http://www.jpc-net.jp/
NHK放送文化研究所　http://www.nhk.or.jp/bunken/research/yoron/index.html
フランクフルター・アルゲマイネ紙（FAZ）　http://www.faz.net/aktuell/
南ドイツ新聞　http://www.sueddeutsche.de/
ディー・ツァイト紙　http://www.zeit.de/index
ディー・ヴェルト紙　https://www.welt.de/
フランクフルター・ルントシャウ紙　http://www.fr.de/
ハンデルスブラット紙　http://www.handelsblatt.com/
プフェルツィッシャー・メルクーア紙　http://www.pfaelzischer-merkur.de/
公共放送局　ARD　http://www.tagesschau.de/
朝日新聞　http://www.asahi.com/
日本経済新聞　http://www.nikkei.com/

著者略歴

熊谷 徹（くまがい・とおる）

1959年東京生まれ。早稲田大学政経学部卒業後、NHKに入局。ワシントン支局勤務中に、ベルリンの壁崩壊、米ソ首脳会談などを取材。90年からはフリージャーナリストとしてドイツ・ミュンヘン市に在住。過去との対決、統一後のドイツの変化、欧州の政治・経済統合、安全保障問題、エネルギー・環境問題を中心に取材、執筆を続けている。著書に『ドイツの憂鬱』、『新生ドイツの挑戦』（丸善ライブラリー）、『あっぱれ技術大国ドイツ』、『ドイツ病に学べ』、『住まなきゃわからないドイツ』、『顔のない男　東ドイツ最強スパイの栄光と挫折』（新潮社）、『なぜメルケルは「転向」したのか　ドイツ原子力四〇年戦争の真実』、『ドイツ中興の祖　ゲアハルト・シュレーダー』（日経BP）、『偽りの帝国　緊急報告・フォルクスワーゲン排ガス不正の闇』（文藝春秋）、『日本の製造業はIoT先進国ドイツに学べ』（洋泉社）など多数。『ドイツは過去とどう向き合ってきたか』（高文研）で2007年度平和・協同ジャーナリスト基金奨励賞受賞。

ホームページ：　http://www.tkumagai.de

メールアドレス：Box_2@tkumagai.de

フェースブック、ツイッター、ミクシーでも実名で記事を公開中。

SB新書　409

5時《じ》に帰《かえ》るドイツ人、5時《じ》から頑張《がんば》る日本人《にほんじん》

ドイツに27年《ねん》住《す》んでわかった定時《ていじ》に帰《かえ》る仕事術《しごとじゅつ》

2017年10月15日　初版第1刷発行

著　者　熊谷《くまがい》 徹《とおる》

発行者　小川 淳

発行所　SBクリエイティブ株式会社

〒106-0032　東京都港区六本木2-4-5

電話：03-5549-1201（営業部）

装　幀　長坂勇司（nagasaka design）

組　版　株式会社キャップス

印刷・製本　大日本印刷株式会社

ISBN 978-4-7973-9086-5

「定年後」も毎日ワクワクする
人生を楽しむ“ちょっとした練習”をしよう

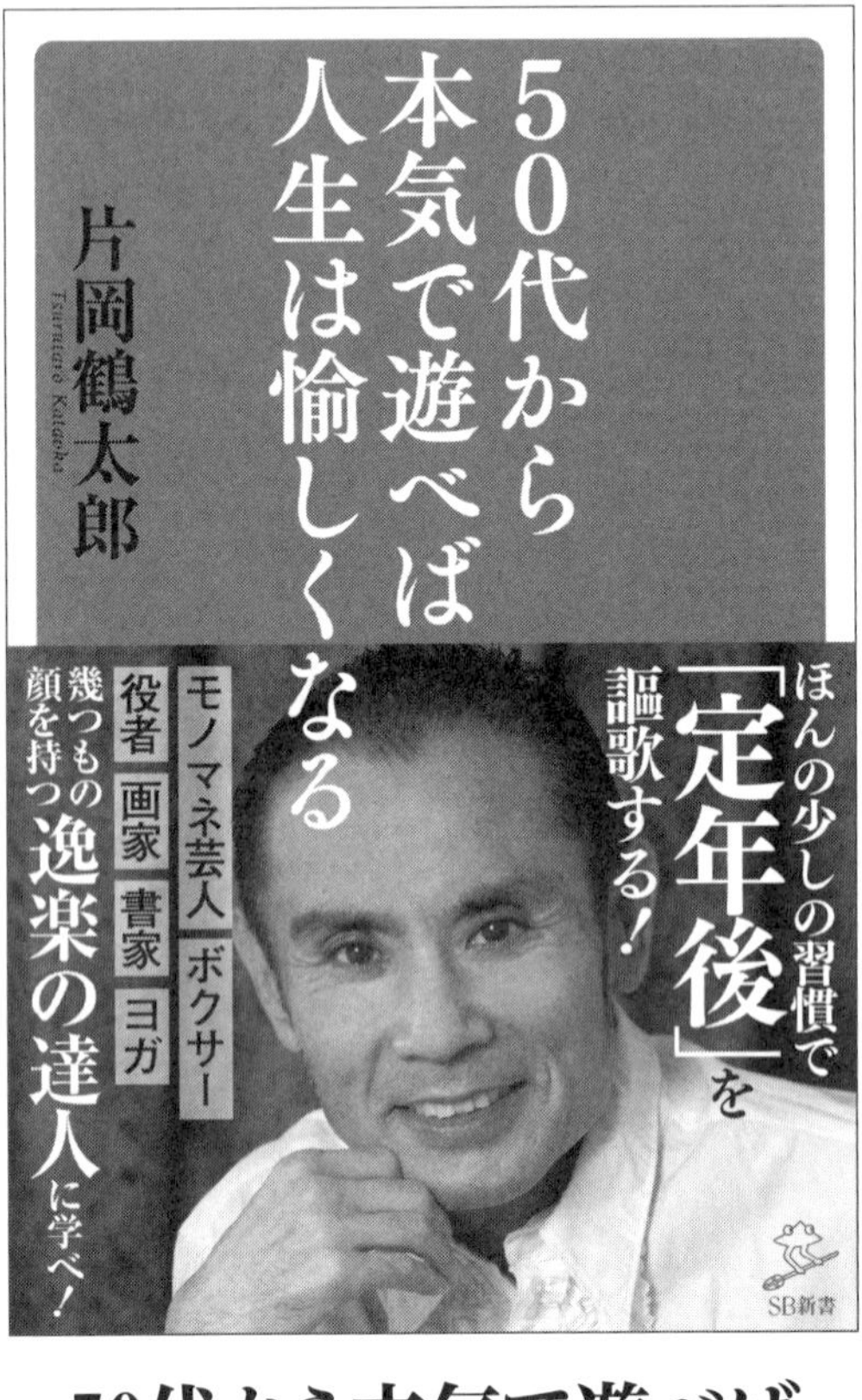

50代から本気で遊べば人生は愉しくなる

片岡鶴太郎

定価：本体価格800円＋税　ISBN978-4-7973-8841-1